◆ポーランド史叢書5

ポーランド年代記と国家伝承

『匿名のガル年代記』から『ヴィンセンティの年代記』へ

荒木 勝

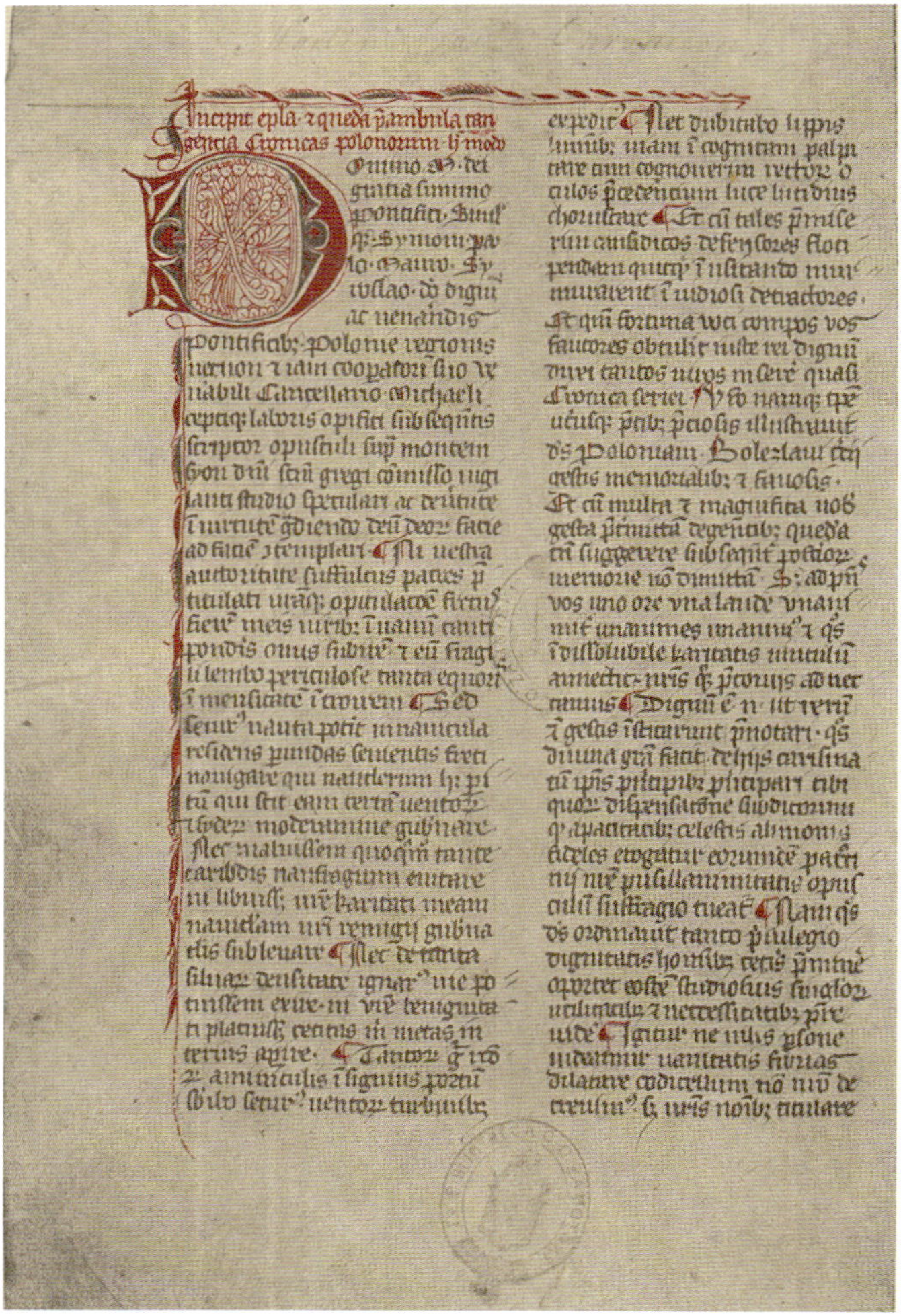

『匿名のガル年代記』の羊皮紙版
（14世紀のザモイスキ版）

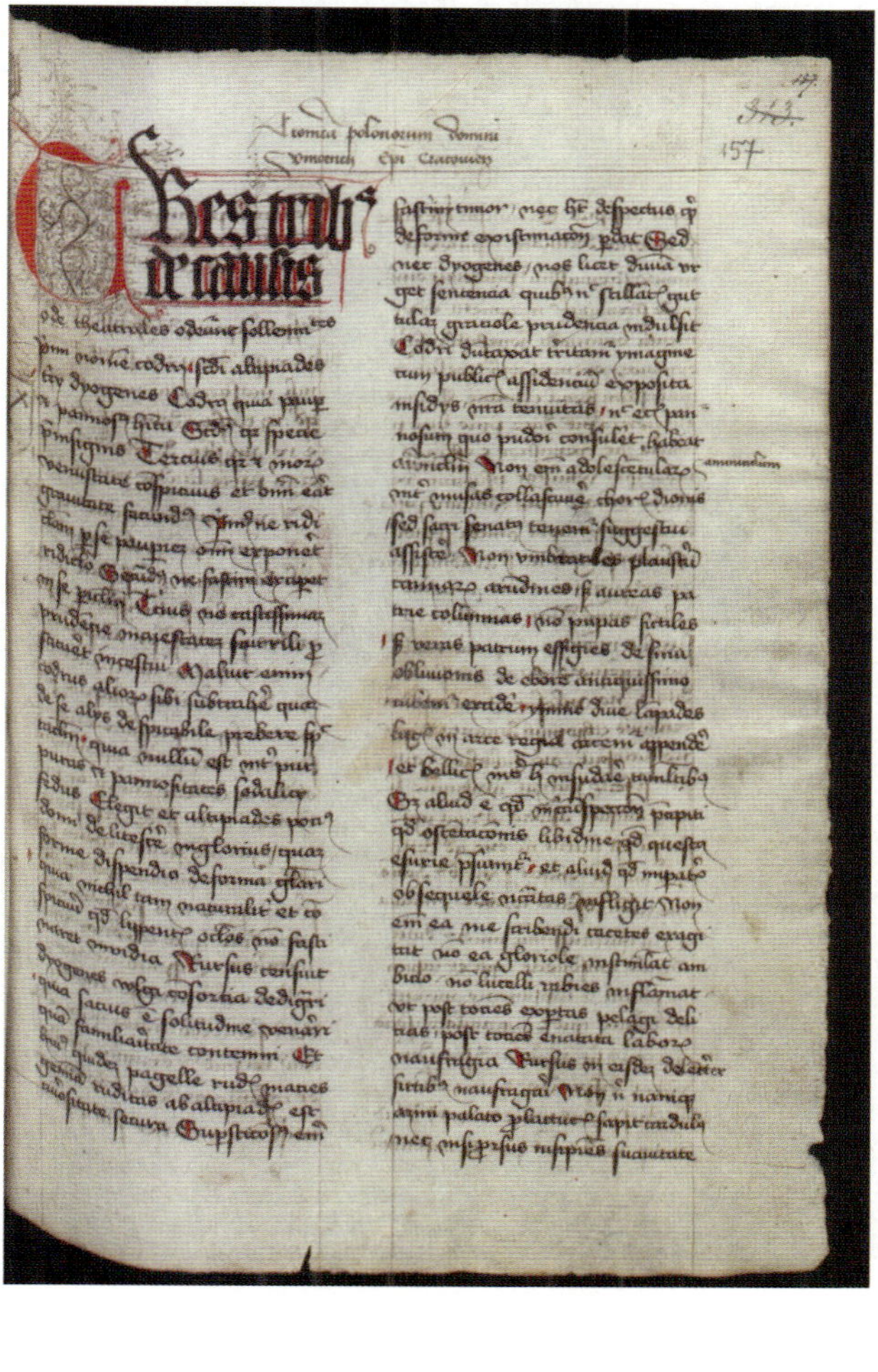

『ヴィンセンティ・カドゥベックのポーランド年代記』の手写紙版
（15世紀のヤギェウオ版）

『聖書』詩編の羊皮紙版
（14世紀のフロリアンスキ版）

ポーランド年代記と国家伝承　目次

ポーランド年代記と国家伝承

『匿名のガル年代記』から『ヴィンセンティの年代記』へ

はじめに

二十一世紀に入って、反グローリズムの波が世界を席巻してきたように思われる。グローバルなハイテク経済の急激的な展開が、経済的格差を拡大させ、移民・難民の激増を引き起こし、先進国、発展途上国を問わず、国家にその問題解決を迫ってきたからであろう。余裕をなくした諸国は、政策の基軸を自国優先に置き、移民、難民の抑制、排除も声高に叫ばれるようになってきた。そのような状況はまた各国におけるナショナリズムの噴出を引き起こし、さらには、自国の起源への関心を呼び起こしている。「いったい、私たちの国はどこからきて、どこへ行こうとしているのか」。

さらには、「国家と民族とはどう違うのか」という問いも引き起こしてきた。そしてこのような問いを繰り返しながら、多くの国家主義とナショナリズムは、過去からの追想に引きずられて他民族を排除しようとし、しかし場合によっては、多民族との融合を志向する可能性を追求しようとする。いずれにしても、諸国家の歴史は、過去の経験を踏まえて、長い時間をかけて、国家、民族との共存という問題に向き合ってきたといっていいだろう。

さて、多くの国家は、国家成立の当初から、国家の起源伝承を含む多くの歴史書を編纂してきた。

西洋諸国では、それらは、多くの場合、『年代記』と呼ばれている。イギリスの『アングロサクソン年代記』、フランスの『フランス大年代記』、ドイツの『ザクセン年代記』、『ティトマールの年代記』、チェコの『コスマの年代記』、キエフ・ルーシの『原初年代記』等は、それらの代表的な作品である。

ポーランドでも、十一世紀の初頭に書かれた『匿名のガル年代記』は、ポーランドの国家の起源に最初に言及した資料であり、その百年後に書かれた『ヴィンセンティ・カドゥベックのポーランド年代記』は、さらに詳細に、また文学的に薫り高く、国家の起源を物語っている。

本書は、その二つの年代記を比較しながら、ポーランドの国家伝承の基本的な特徴を描こうとするものである。

『匿名のガル年代記』の地勢

《12～13世紀 分封時代のポーランド》

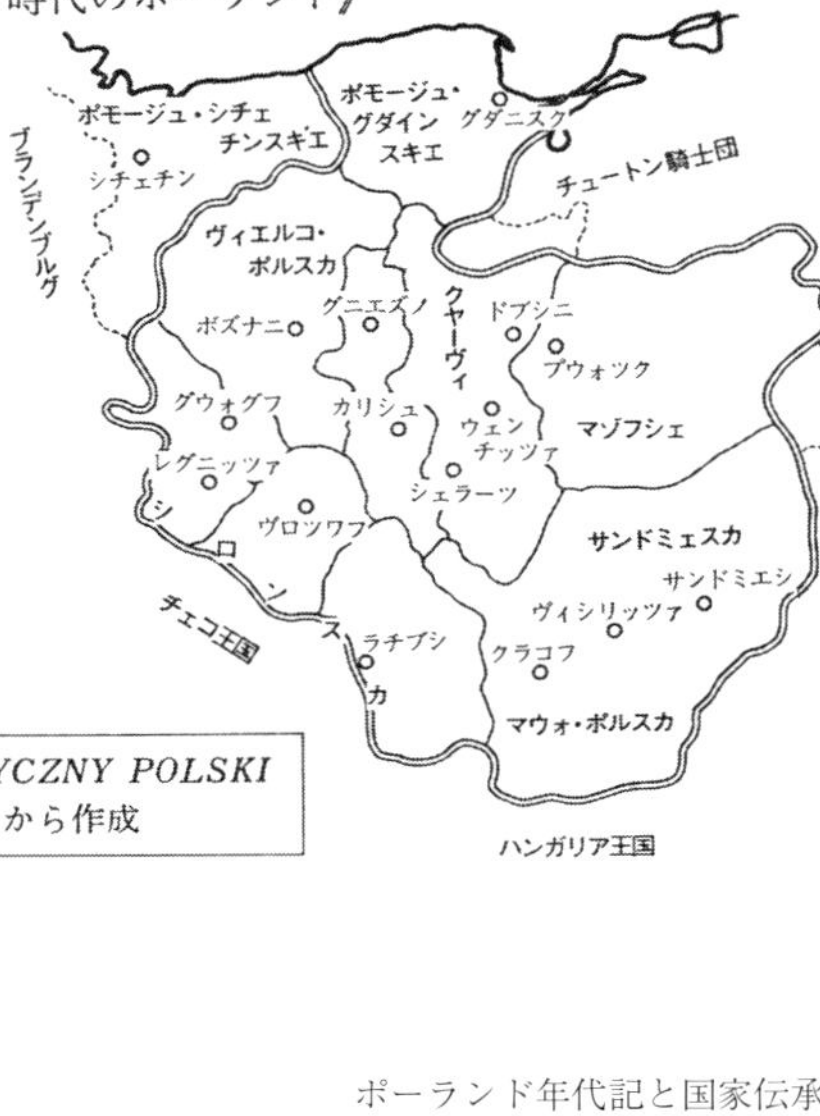

ATLAS HISTORYCZNY POLSKI
(Warszawa 1979) から作成

第1章　ピァスト伝承

第1節　『匿名のガル年代記』におけるピァスト伝承

歴史上確かめうるポーランド最初の王朝ピァスト家の建国伝説の最も古いものは、十二世紀初頭に書かれた、ポーランドの最古の年代記『匿名のガル年代記』第一巻の冒頭部分の記述である。今この部分を訳出してみると次のようである。なお、以下に、この年代記のテキストに即して、筆者の解釈を提示していくことにするが、テキストへの注釈を示すために、（1）（2）と表記して、その部分の言語的文献的な解釈の歴史を紹介していくことにする。

（1）「さて、スラブ人の間で巣という意味をもつグネズネンスという都市に、ポペルという名の公がいた。ポペルには二人の息子がいた。そこで彼は異教の慣習に従って息子達の断髪式のために、盛大な宴会を催し、多くの貴顕の士、友人諸氏を招いた。その時、密かな神の計によって、そこに二人の客が訪れるということになった。しかしながら彼らは、宴会に招かれなかったばかりでなく侮辱を加えられて町の入口から追い払われてしまった。この二人は、この町の人々の冷酷さに憤り、即座に町の郊外に向かった。そこで全く偶然に、息子達のために宴会を催した前述の公の小作農夫の小さな家の前に出た。この貧乏な農夫は、大いに同情してこの客人を自分の小屋に招き入れ、好意の心に溢れて自分の貧しい家を案内した。この貧しい農夫の招きに喜んで応じた二人の客人は、持て成しのよい小屋に入って、言った。『ああ、よい事だ。私達の訪れを喜んで欲しい。私達の訪れによって、あなたがたには多くの善き事が、また子孫には名誉と栄光が訪れるであろう』」[*1]（第一巻第一章）

（1）二人の旅人が持て成しの悪い君主によって町から追い出され、ある貧しい百姓の小屋に偶然にたどりつき、そこで思いがけない歓待を受け、その御礼に種々の奇跡を行い、ついに貧しい百姓の息子に支配者の地位を約束するという物語には、幾つかの先行するモデルがあるという指摘が今日までなされてきた。J・F・ガイスラー、W・ブルフナルスキの研究は、聖ジェルマン（聖ゲルマニウス）の伝記にこの物語と類似の逸話が存在していることを指摘し、『匿名のガル年代記』のこの伝説は、聖ジェルマン聖人伝から影響を受けたものであると主張した。[*2] また、オヴィディウスの『変身物語』第八巻のピレモンとバウキスのエピソードとの類似性についても指摘されてきたところである。[*3]

このピァスト朝起源にまつわる伝承に関して、文献学上も方法論上も極めて注目すべき著作が刊行された（『ピァストおよびポピェールの伝承。初期中世の王朝伝承の比較研究』、ワルシャワ、一九八六年）。

【『匿名のガル年代記』のテクストの変遷】

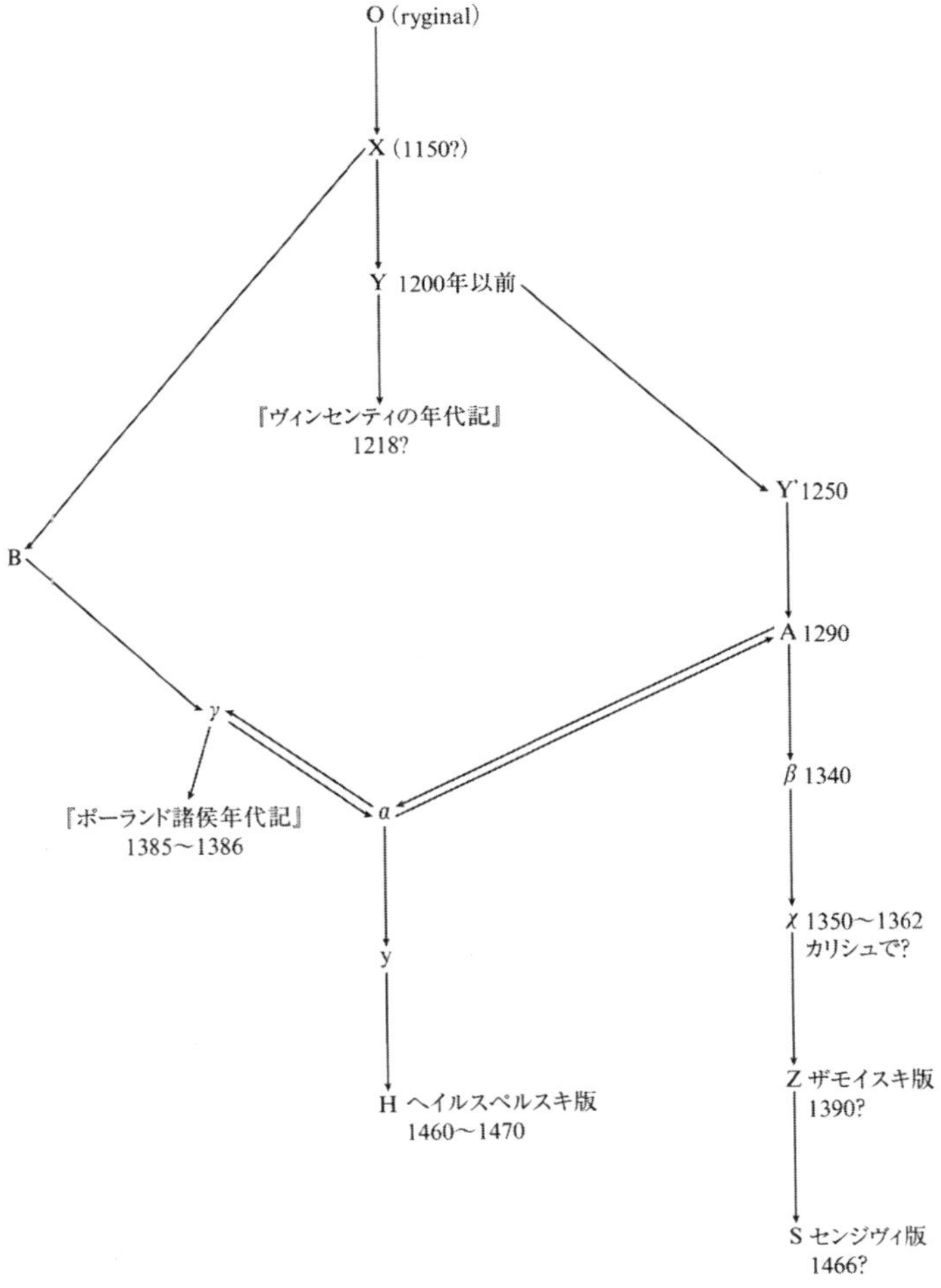

この著作において著者バナシキェヴィッチは、聖ジェルマンの伝記それ自体の形成過程を追跡し、聖ジェルマンの伝記がケルト民族の伝承を汲み取っていることを明らかにし、『匿名のガル年代記』の伝承とケルトのそれとの関係について分析を進めている。さらに単なる文献学上の異同の指摘、継承関係の推定にとどまらず、デュメジールの宗教学の分析方法を基礎として、伝承における物語の構造と機能を析出し、その物語が持っているイデオロギー性を剔出しようとしている。またカール大帝の先祖にあたる聖アルヌルフの伝記とピァストの伝承との物語の構造上の類似性についても指摘されている。[*4]

この物語の冒頭に登場するグネズネンスとは、今日までの定説において、今のグニェズノを指すものとされている。この町は、ポーランドの西部、ポズナニの北東約五〇キロメートルの所にある古い都市であり、ポーランドに最初に大司教座が置かれた所である。グロデツキの注に、グニェズノは、クネシ（侯）に由来するものではない、とある。またプレジィアの注は、かつてグニェズドノ Gniezdno と書いたグニェズノ Gniezno は、まさしく巣 gniazdo からきた言葉であり、年代記の作者は自分のスラブ語の知識を誇示していると述べている。このプレジィアの説に従うと、年代記者は今日のグニェズノの町の名の由来を知っていたこととなる。そして今日までの大方の説においても、ピァスト朝の発生の地を作者はポズナニ近郊のグニェズノに置いているとみなされている。[*5]

この地方は、ポラーニェ族の支配する、ポーランドの古代文化の中心地として、ヴィシリッツァ族の支配するマウォポルスカ（クラクフ中心）と並ぶ地位を占めていたといわれ、ポズナニ、グニェ

【ピァスト王家（系図)】

（○はポーランド公、◎はポーランド国王）

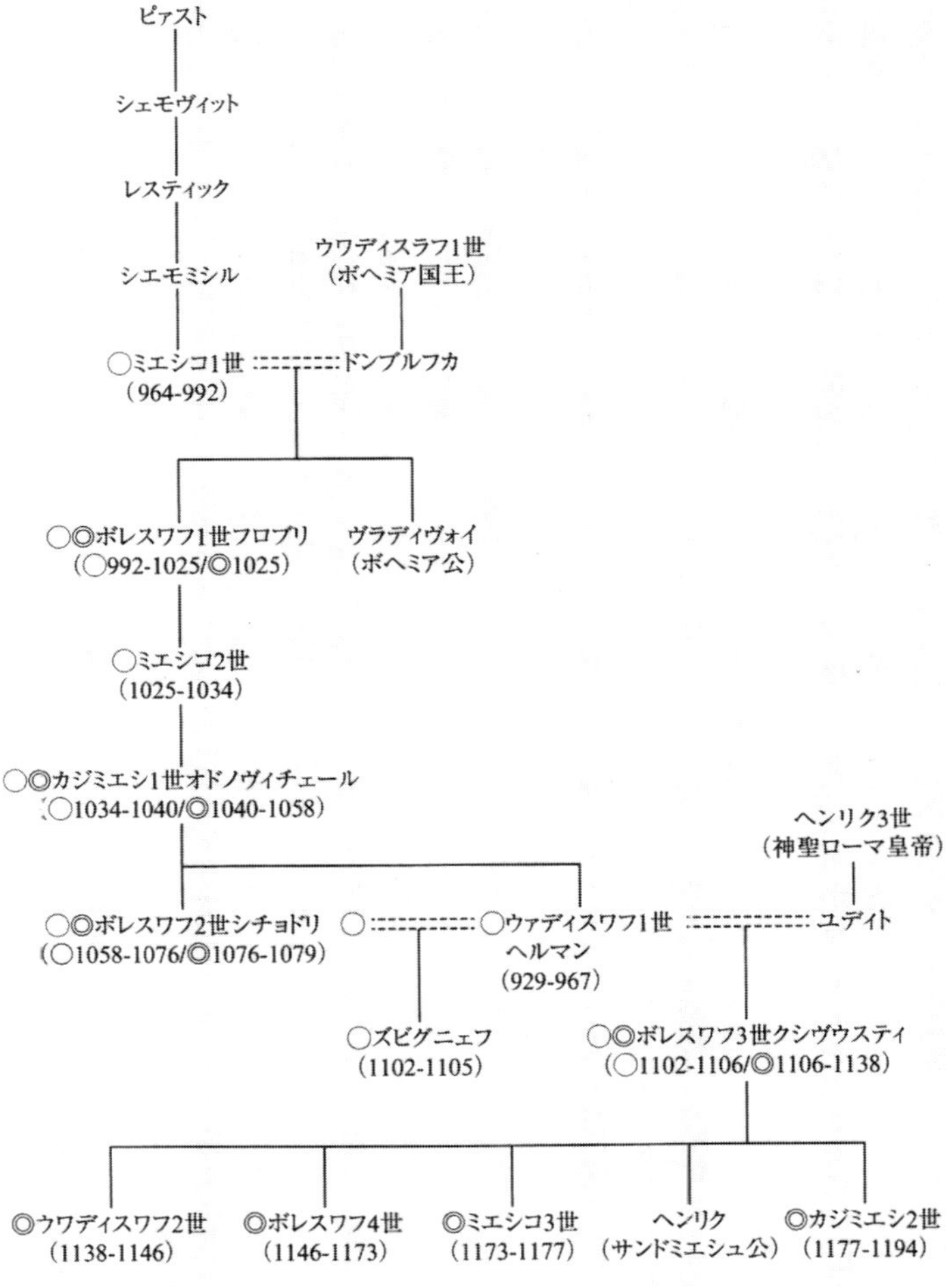

ズノ、クルシヴィツァ、ギエチ、オストルフ・レドニツキといった城塞都市がすでに十世紀ごろまでに築かれていたといわれている。

さらにこの伝説において注目すべき点は、異教の慣習として断髪式が言及されていることである。この断髪式については、十九世紀末までの一つの代表的見解として、著名な民俗学者Z・グローゲルの説明を挙げることができる。グローゲルの『古ポーランド百科辞典』[*6]の「断髪」の項は次のように述べている。「この断髪式については、ガルの年代記の他にも、ヴィンセンティ・カドゥベックの年代記（十二世紀末から十三世紀初頭）、ヤン・ドゥゴーシの年代記（十五世紀中葉）もキリスト教布教以前の異教の慣習として紹介しているけれども、歴史学者・言語学者A・ブリュックネル教授（一八五六～一九三九）は、古代の異教時代のスラブ人社会における断髪式の慣習の存在に疑問を投げかけている。

しかしながら、レレヴェル（一七八六～一八六一、ポーランド分割時代の最も著名な歴史家）においては、いまだ私的所有が確立していないスラブの古い時代において、父親はこの断髪式によって自分の息子を相続者として厳粛に宣言したと考えられている。いずれにしてもこの断髪式は、キリスト教徒の慣習の一つであり、キリスト教の影響のもとに異教時代のスラブ人の中に浸透していったものである。僧団に俗人の若者（男）が入団する時の最初の教会儀式を、『僧籍のための断髪式』という。また若い女性が修道女になる時に自分のお下げを切ることも断髪と呼ばれている。裕福な家では、この儀式は親族、友人の前で荘重にとり行われるものであった」[*7]。

断髪式については、現代のポーランドの諸研究の中では次のような見解が見い出される。K・ポトカインスキは、この儀式は子供の養育過程の終了、未成年期の終了、そして一人前の成人として家族の中に入るための儀式とみなしている。[*8] R・ガンシニッツァは、断髪式が種々の文化圏に広がっていく三つの発生点として、①教会の剃髪式、②ビザンティンのトリコクリア、③イタリアの俗人の剃髪式の三つを挙げ、これらすべての基礎はさらに、古代における奴隷のシンボルが丸坊主であったところから、奴隷制度にまでさかのぼることができる、と考えている。

さらにガンニッツァは、このような起源を持っている断髪式が一旦ロシアやポーランドに広がっていくと、「養育者―教育者の制度と関連をもつようになったとして、断髪式は子供を「養育者―教育者」の手に引き渡す象徴行為であったと述べている。[*9] A・ゴンショロフスキの説明は次のようである。断髪式について触れているポーランドの文献は、ガルやヴィンセンティ、ドゥゴーシの年代記類の他には、ボレスラフ・フロブリの墓碑銘がある。そこには、ボレスラフが髪をローマ法王庁に送ったと記されている。スラブの世界においては、八六六年ブルガリア公ボリス・ミハウがローマ法王の使節に自分の巻き毛を差し出し、ローマ法王への忠誠を誓っていることが注目される。また十二世紀、十三世紀のロシアの年代記には、侯の家の儀式として多くの記述が残されている。これらの伝承における断髪式は同じような特徴を持っている。すなわち子供がある年令に達すると（ロシアでは二、三歳、ポーランドでは七歳）、この儀式が催され、子供に名前が与えられる。大抵は子供の父親がこの儀式を主催し、とり行うのであるけれども、別人に委ねることもできた。その場合は断髪を行う者とそれを受ける者との間に人為的な血縁関係が設けられるものとされた。[*10]

このようなゴンショロフスキの説明はすでにブリュックネルによっても提示されており、今日のポーランドにおける中世史研究の大方の一致点を示すものであると思われる。ブリュックネルは彼の大著『ポーランド文化史』の中で、断髪式は子供に名前を与え、それによってその子供を家族の一員とする儀式であったとし、髪は神々の恵みが子供に授かるように神々の前で焼かれるか、あるいは大切に保存され、招かれた客のうち最も重要な人物が厳粛に名を宣言し、断髪を受けた者は成人として承認され、家族共同体の共同の仕事に参加できる資格を付与される、としている。

以上のことを念頭において、この物語の次の展開を見てみることにしよう。

（2）「この持て成しのよい家の家人は、ホストコンの息子パシトと、レプカと呼ばれている彼の妻であった。彼らは、心を尽くし力の及ぶかぎり客人の必要とするものを満たそうとした。客人が思慮分別の人であることを見て、彼らとの相談の上で以前から抱いていた密かな企てを実行に移そうと考えた。慣習に従って席につき、さまざまな事柄について話をしたあとで、客人が何か飲み物はありませんか、と尋ねた時、持て成し好きの農夫は答えて言った。「私どもにはよく発酵したビールが小一樽あります。それは自分の一人息子の断髪式のために用意したものですが、こんなに少ないのではどれ程御役に立つのでしょうか。御望みならばどうぞ飲み干して下さい」。事実、この貧しい農夫は、彼の主人である公が自分の息子達のために宴会を催す時に――というのは、その他の時ではあまりの貧しさ故にそうすることができなかったであろうから——自分の小さな男の子の断髪式のために、いくらかの料理を用意し、何人かの友人と貧乏な人々とを、宴会にではなく、ささやかな宴に招こうと心に決めていたからである。そしてその断髪式に供する小豚一頭を飼っていたのである。奇妙な事を言うようであるけれども、いったい誰が神の偉大な業を理解することができようか。また誰が神の恩恵を敢えて穿鑿することができようか。神はすでにこの世において一度ならず貧しき者の卑しきところを高くし、異教徒の持て成しのよさに報いることを拒んではいないのである。

かくして客人は静かに彼に言った。「ビールで乾杯を！」。ビールを注いでも減らずに増えることを客人はよく知っていた。まさしくすべての借りものの杯が一杯に満たされるまでビールはずっと増え続けた。それに対して公の下に招かれた者の杯は空になっていた。次いで、前に述べた小豚を屠るように言った。するとその肉は、信じられない事だが、いわゆるスラブ風の小桶ツェブラの器十人分を満たすことができた。パシトとレプカはその時生じた奇跡を見て、息子についての何らかの重大な予兆を予感した。そして公と客人達を招待しようと考えた。しかし、かの旅人にその事をまず尋ねないうちに敢えてそうしようとは思わなかった。何をためらうことがあろうか。

かくして客人の勧めと励ましに従って農夫パシトは、彼の主人である公とそのすべての食客とを招待した。招かれた公は、自分の農夫のところへ赴くことを不名誉な事とは考えなかった。というのは、ポーランドの公の地位はまだそれ程高くはなく、この地方の君主達もまだそれ程傲慢不遜ではなく[*1]、多くの従者に取り囲まれて威風堂々と振る舞うということもなかったからである。そこで慣わしに従って宴会を催し、すべての人々を十分な料理で持て成したあとで、かの客人は少年の髪を切り、彼に未来を予徴する印としてセモヴィットの名を与えた」[*12]（第一巻第二章）。

（3）「かくしてホシストコンのパシトの息子セモヴィットは、心身ともに大きく成長し、年を重ね、日々益々高潔の士となっていった。[*13] それゆえ王の中の王、公の中の公は一致して彼をポーランドの公に推し、他方プンピルを子孫とともに完全に王国から追放した」[*14]（第一巻第三章）[*15]

ポーランドの文献上はじめて登場するこのパシトこそ、十四世紀の後半まで続くいわゆるピァスト朝の最初の祖父である（本文第2章（1）の部分）。ところで、このピァストの名前についてはすでに多くの研究が積み重ねられてきた。その最も古い解釈はポーランド・ルネサンスの代表的作品ヤン・ドゥゴーシの『名高きポーランド王国の年代記』の中に見られるものである。[*16]「ところで、クルシヴィッツァという町に一人の男がいた。名前はピァストという。背は低いががっちりとしてよく太っているという体つきからその名前が与えられた。ポーランド人は普通の言葉で、車軸において回転する短い（足のない）ぶ厚い轂《こしき》をピァストと呼んでいる」。

ここからピァストを車の轂を作る車大工であったとする伝説が生まれていく。すなわちピァスト・コウォジェイ（「車大工のピァスト」）の伝説である。[*17] 宗教社会学の視点に立つ人々はこの点に注目し、古代スラブ人の間に広く行われていた太陽崇拝と、車の輪が太陽を意味していたとする解釈とを結びつけて、ピァストは太陽神につながる神格を持った者、従ってまた豊饒のシンボルとして崇拝されていたとする説を打ち出している。[*18]

これに対して、ピァストはポーランド語の「ピァストゥン」から由来している言葉であり、この「ピァストゥン」は「後見人、養育者」を意味すると主張するのはT・ヴォイチェホフスキである。[*19]ヴォイチェホフスキは、この見解にもとづいて、ピァストはポピェール家の後見人の地位、すなわちフランク族の宮宰の地位を占めていたのであり、一種の宮廷革命によってピァスト家は権力を掌握したと考えるのである。現在のポーランド中世史家H・ウォヴミァインスキも基本的にこのような考え方に立って、このピァスト伝説の中に、オストロフ・レドニツキ地方（ポズナニとグニェズノとの中間地帯）の豪族とグニェズノの豪族との対立の跡を見て、ピァストを卑しい身分の出であるとするこの物語をピァスト家に対立しているオストロフ・レドニツキの有力豪族によって挿入されたエピソードであるとする説を提示している。[*20]

以上の見解に対して、ブリュックネルはすでに、ピァストという言葉は、ポーランド古語の「ピァスタ」、すなわち「トゥチェク（乳棒、すりこ木）」を意味しているとし、また妻の名ジェプカを蕪（ポーランド語でジェパ）の意味をもつものであると主張し、これらは一種の文学的創作によるもので、チェコの王朝伝承から示唆を受けたものであろう、という仮説を提出している。すなわちチェコ公の祖先プシェミシルも農民の身分からチェコ公の地位に昇ったと記している『コスマのボヘミア年代記』の叙述とガルのそれとの類似、前者から後者への影響を指摘し、これはスラブ諸部族共通の民主主義的・農民的特徴のシンボリックな表現であるとし、ゲルマン諸部族の諸公の半神的君主制的な起源に対比している。[*21]

さて、ピァストの名をめぐるこのような解釈の対立の中には、一つの共通な問題意識が横たわっているように思われる。王朝の支配を賛美し、王朝の伝統を栄光化し正統化することを目的とする年代記の中で、王朝の建設者の出自を貧しい農夫として描いているのは何故であろうか、という問題である。この問題に対して、もちろん色々な接近方法が考えられ、また従来からも様々な仮説が立てられてきたのではあるけれども、一つの基礎的な接近方法として、年代記者の年代記作成の意図の正確な把握がまずもって試みられなければならないであろう。その場合やはり出発点はなによりも本文テキストに用いられた言葉ないし表現の正確な理解ということにあると思われる。その点からみて、またこの問題に一つの手がかりを得るためにも次の文章（本文第2章（2）の部分）の正確な把握は決定的に重要であるように思われる。

「神はすでにこの世において一度ならず貧しき者の卑しきところを高くし、異教徒の持て成しのよさに報いることを拒んではいないのである」。qui temporaliter pauperris humilitatem aliquotiens exaltat, et hospitalitatem etiam gentilium remunerare non recusat

この「卑しきところ」humilitasをプレジィアはポーランド語で「謙遜」pokoraと訳しているけれども、この文言のコンテキスト、用法からみて、これは「卑しきところ」「無力なところ」と訳すべきではなかろうか。「卑しきところを高くする」humilitatem exaltareという表現は、西洋においてはまずなによりも『新約聖書』ルカ伝の有名な「マグニフィカート」（マリアの讃歌）の文言を想起させるものである。「神は御腕にて権力をあらわし、心の念に高ぶる者を散らし、権勢ある者座位より下し、卑しき者を高うし」（前掲書、ルカ伝第一章五一節から五二節）。fecit potentiam in brachio suo dispersit superbos mente cordis sui, deposuit potentes de sede et exaltavit et exaltavit humiles. (Vulgata. t. 2. s. 1607) この表現はまた『旧約聖書』の多くの箇所にも見い出されるものである。たとえばヨブ記に同様の記述が見られる。「卑き者を高く挙げ憂ふる者を引興して幸福ならしめたまふ」（ヨブ記第五章十一節）qui ponit humiles in sublimi et maerentes erigit sospitate. (Vulgata. t. 1. s. 736)。ところでこの「卑しき者を高く挙げ」るという考え方は、『旧約聖書』の年代記および預言書を貫く政治思想の核心の一つであると思われる。エゼキエル書の中にほとんどそのままの語句が見い出される。「主エホバかく言ふ冕旒《かふりもの》を去り冠冕を除り離せ是は是ならざるべし卑き者は高くせられ高き者は卑くせられん」（エゼキエル書第二一章二六節）。haec dicit Dominus Deus aufer cidarim tolle coronam, nonne haec est quae humilem sublevavit et sublimem humiliavit. (Vulgata. t. 2. s. 1295) 士師記、サムエル記に登場する「マナセのうちの最も弱きもの」「父の家の最も卑賤しきもの」であった士師ギデオン、「妓婦の子」勇士エフタ、「石婦の子」サムソン、「イスラエルの支派の最も小き支派なるベニヤミンの人にて」「ベニヤミンの支派の諸々の族の最も少き者」であったサウル、「エフラタ人エサイの季の子」にして「羊を牧《かひ》をる」「貧しく賤しき者」であったダビデの権力掌握はこうした考え方の例証として描かれているように思われる。ベネディクト派の一僧侶と考えられている『匿名のガル年代記』の作者がラテン語の『ウルガータ聖書』に精通し、しばしばその表現を借りている事は今日までの年代記注釈者の指摘しているところである。もしそうだとすれば、年代記のこの箇所が新約および旧約の『聖書』の文言を念頭において書かれたものであるとする可能性は極めて高いように思われる。もしこのような想定が許されるとすれば、年代記の作者はこの箇所で、ピァスト朝の権力の正統性をヘブライ的・キリスト教的な表現を借りて、ある意味で最も強力に主張していることになるのではなかろうか。

　さらに次の語句の検討も本文テキストを理解する上で重要な手掛となるように思われる。すなわち、「異教徒の持て成し」**hospitalitas gentilium**という言葉である。そもそもこの「異教徒の持て成し」に神が報いたことがあったということで、年代記者は何を念頭に置いていたのだろうか。『新約聖書』ヤコブ書第二章二五節には次のような表現が見られる。「遊女ラハブも使者を受け、これを他の途より去らせたるとき、行為によりて義とせられたるに非ずや」（ヤコブ書第二章二五節）。**similiter autem et Raab meretrix nonne ex operibus iustificata est suscipiens nuntios et alia via eiciens. (Vulgata. t. 2. s. 1861)** この「使者を受け」に用いられている **suscipio** は、「受け入れる」「支える」の意味でギリシャ語の *υποδεχομαι*（自分の屋根の下に、家の中に客として迎え入れる、歓待する）という語のラテン語訳である。いうまでもなくラハブとは、『旧約聖書』ヨシュア記に記されている異邦、異教の民エリコの町の遊女であり、ヨシュアがエリコを攻略するために遣わした使者をかくまった女である。

　また使徒行伝第十六章および第二八章にも、パウロの一行を迎え入れ、持て成しをなした異教の民のことが述べられている（使徒行伝第六章三三節、第二八章七節）。年代記者は、『聖書』中のこれらの記述を周知の事として前提し、異教徒にも恵みをおよぼす神が再びポーランドのピァストの持て成しの良さに報いたのは当然のことである、と主張しているように思われる。またそもそも「旅人を持て成す」ことは、『新約聖書』の中で使徒達が掲げている重要な徳目の一つであったことも留意しておかねばならない。「聖徒の缺乏を賑し、旅人を懇ろに待せ」（ロマ書第十二章十三節）。necessitatibus sanctorum communicantes, hospitalitatem sectantes. (Vulgata. t. 2. s. 1764)「旅人の接待を忘るな、或人これに由り、知らずして御使を舎したり」（ヘブル書第十三章二節）。hospitalitatem nolite oblivisci per hanc enim latuerunt quidam angelis hospitio receptis. この「旅人の接待」という考え方は、さらにさかのぼって『旧約聖書』の申命記の中にも見い出すことができる。「孤児と寡婦のために審判を行ひまた旅人を愛してこれに食物と衣服を與へたまふ汝ら旅人を愛すべし其は汝らもエジプトの国に旅客たりし事あればなり」（申命記第十章十八・十九節）facit iudicium pupillo et viduae, amat peregrinum et dat ei victum atque vestitum et vos ergo amate peregrinos quia et ipsi fuistis advenae in terra Aegypti. (Vulgata. t. 1. s. 250)

また今取り上げた文章の直前に置かれている「神の偉大な業」Dei magnaliaという語句については、マレンチンスキは典拠として『旧約聖書』出エジプト記第十四章十三節の箇所を挙げている。「エホバが今日汝等のために為たまはんところの救（偉大なる業）を見よ」。videte magnalia Domini quae facturus est hodie. (Vulgata. t. 1. s. 96) ここでの「偉大なる業」とはいうまでもなく紅海の奇跡の事である。もしもマレチンスキの指摘が正しいとするならば、神がピァストとその子孫に与える恵みはイスラエルの民の紅海の奇跡に比すべきものということになるであろう。

さらに、年代記者に対する『ウルガータ聖書』の影響を見る上で重要な語句が書き記されている。本文の（3）の部分にある「王の中の王」rex regumの語句についてマレチンスキは『聖書』の次のような章句を典拠として挙げている。「王よ汝は諸王の王にいませり即ち天の神汝に国と権威と能力と尊貴とを賜へり」（ダニエル書第二章三七節）。tu rex regum es et Deus caeli regnum fortitudinem et imperium et gloriam dedit tibi. (Vulgata. t.2. s. 1346) ここではバビロニアの王ネブドネザルが「王の中の王」と呼ばれているけれども、この章句の直後においては、エホバの神に対して「神等の神王等の主」という呼称が与えられている。「誠に汝らの神は神等の神王等の主にして能く秘密を示す者なりと」（同、第二章四七節）。vere Deus vester Deus deorum est et Dominus regum et revelans mysteria. (ibid.,)。『新約聖書』においてはさらに明確に神＝イエス・キリストが「王の中の王」と呼ばれている。uem suis temporibus ostendet beatus et solus potens rex regum et Dominus dominantium. (Vulgata. t. 2. s. 1836)「時いたらば幸福なる唯一の君主、もろもろの王の王、もろもろの主の主、これを顕し給はん」（テモテ前書第六章一五節）。

また同書ヨハネ黙示録にも同様の表現が見られる。「彼らは羔羊と戦はん。而して羔羊かれらに勝ち給ふべし、彼は主の主、王の王なればなり」（ヨハネ黙示録第十七章十四節）。hill cum agno pugnabunt et agnus vincet illos, quoniam Dominus dominorum est et rex regum. (Vulgata. t. 2. s. 1899)「その衣と股とに『王の王、主の主』と記せる名あり」（同、第十九章十六節）。et habet in vestimento et in femore suo

scriptum, rex regum et Dominus dominantium.（Vulgata. t. 2. s 1902）。
いうまでもなくここでは再臨する主＝イエス・キリストが意味されている。従って、「王の中の王」がピァストの息子セモヴィットを「ポーランド公に推し」たということは、神（あるいは主なるキリスト）がセモヴィットをポーランド公に選んだ、ということになる。さらに、この「王の中の王」に続く言葉に「一致して」concorditerという語があるけれども（「王の中の王、公の中の公は一致して彼をポーランド公に推す」）、これについては、プレジィアは次のような注釈を付けている。「われわれにとって奇異にみえるこの方式は、（王の）選出行為に関する中世初期の観念と慣行との係りにおいて解明されるべきものである。一人ないしある少数のグループが候補者を指名する。そして他の『選挙人』は満場一致の叫び（歓呼の声aklamacja）で指名された者を承認する。時には主なる神がこの指名人と見なされることもある」（Plezia. s. 15）。

今日のポーランドの年代記研究家B・キュルビスにおいては、この年代記者はこれらの文言を書き記すにあたって『旧約聖書』サムエル記上の第十章が念頭にあったとされている。すなわち、サウルがエホバの命によりサムエルに油注がれた者・王として立てられ、その上で人民の歓呼を受けたように、セモヴィットもまず神によって王に召命され、その後諸公の歓呼を受けたのである、と。今、サムエル記の記述を紹介すれば次のようである。「サムエルすなわち膏《あぶら》の瓶をとりてサウルの頭に注ぎ口接《くちつけ》して曰《いひ》けるはエホバ汝をたてて其産業の長となしたまふにあらずや……サムエル民にいひけるは汝らエホバの擇みたまひし人を見るか民のうちに是人の如き者なし民みなよばはりいひけるは願くは王のいのちながかれ」(サムエル前書第十章一節および二四節)。ここにすでに王選出の際の「満場一致の歓呼」aklamacjaの慣行を見ることができるのではないだろうか。*22

以上のような本文解釈を踏まえてみると、このピァスト伝承は次のような特徴をもっているように思われる。

第一に、他のヨーロッパの多くの諸王朝の起源に関する伝説においては、王朝の祖先の過去が栄光化され、しばしば神話化され、また建国の祖は神そのものとされているのに対して、ポーランドのピァスト朝の祖先ピァストは貧しい農夫であったと記されていることである。この点は極めて顕著な特徴であるということができる。

第二に、ピァストの見知らぬ旅人に対する持て成しのよさが彼の境遇を転変させるのに唯一決定的な要因であったことである。その際、ピァストの子セモヴィットをポーランド公の位に引き上げたのは神であったと明確に記されている。神は「卑しき者を高くし」、「異教徒の持て成しのよさに報い」たのである。ここには、ピァスト自身が常人を越える何らかのカリスマを持っているとか、他の人に勝った、支配者となるにふさわしい能力を持っているとかいう考え方は提示されていない。

ところで、この『匿名のガル年代記』のほぼ百年後に書かれた『ヴィンセンティ・カドゥベクのポーランド年代記』もこのピァスト朝の起源にまつわる伝承を書き記している。しかもその話の骨組はほとんど同様の展開である。しかしながらそこにはまたある異った評価も付け加えられているようにも思われる。以下その点について若干の言及を試みることとする。

第2節『ヴィンセンティの年代記』におけるピァスト伝承

まず初めに注目すべきは、『ヴィンセンティ・カドゥウベクのポーランド年代記』（以下『ヴィンセンティの年代記』と略記）においては、そもそもピァスト朝はポーランド最初の王朝として描かれてはいないということである。またこの点とも関連して、『匿名のガル年代記』がポーランドにおける最初の王朝発生の地を、グニェズノ、ポズナニを中心とするヴェルコポルスカ地方（ポーランド中西部）に求めているのに対し、『ヴィンセンティの年代記』は、最初の王朝揺籃の地を、クラクフを中心とするマウォポルスカ地方（ポーランド南部）に置いているということも二つの年代記の大きな相異点となっている。ヴィンセンティの四巻からなる『ヴィンセンティの年代記』の第一巻はまさにこのクラクフを中心とする王朝の歴史を取り扱っており、ピァスト朝の歴史は第二巻から始まるという構成になっている。今、第一巻に述べられている王朝の推移を略述すればほぼ次のとおりである。

遥かな遠い昔にもポーランドの地には夥しい人々が住んでいた。彼らはデンマークの王カヌートと戦い、ガルス人（ケルト人）とも勢力を張り合って、パルティア、ブルガリア、カリンティア（オーストリア南部）の境に及ぶ新しい領土を手に入れた。彼らの中で思慮に富んだグラックスなる者が王に選ばれ、はじめて法を制定し国制の基を置いた。このグラックスの建てた都市は彼の名をとってグラコヴィア（やがてクラコヴィアとなる）と呼ばれた。彼にはやはりグラックスという名の二人の息子と一人の娘がいた。二人の息子は父の命によって人々を悩ましていた龍を退治するが、弟は手柄を一人占めにしようとして兄を殺してしまう。しかし町の人々は弟の兄殺しを知って町から弟を追放する（以上クラク伝説と呼ばれる）。人々はそれに替って美しくまた心優しい末娘のヴァンダを王位に就ける。ヴァンダは、内には人々の尊敬を集め、外には傲慢なドイツの君主の侵入から国を守った。しかし誰とも結婚せず世継なくこの世を去る（以上ヴァンダ伝説と呼ばれる）。

ヴァンダ亡きあとのポーランドは王のない混乱した時代が続く。そこにアレクサンダー大王が大軍を率いてポーランドに侵入し、ポーランド南部クラクフ・シロンスクを占領する。この戦で奇計をもってアレクサンダーの軍隊を討ち破った人物が王に選ばれ、レストコと称する。しかしその後ただちに内紛が生じ、多くの僭主たちの間で権力の争奪が起きる。人々は再び一計を案じ、競馬競技の勝利者を王に選ぶこととする。この競技には密かに奸計を用いて勝利を手に入れようとした者がいたが、それを見破り、さらに大きな謀を用いて勝利を収めた者が王に選ばれ、レストコ二世と称する。次いでこのレストコ二世の子が王位を継ぎ、侵入してきたローマのユリウス・カエサルを三度討ち破り、カエサルをして和に応ぜしめ、カエサルの妹ユリアを妻に迎える。このレストコ二世の子とユリアとの間に一子が生まれ、ポンピリウスと名付けられる。このポンピリウスは長ずるにおよんで王に即位するが、妻の邪な言葉に唆かされて、自分の縁者でもあったポーランドの諸侯を毒殺するという大罪を犯す。しかし彼らの腐乱した死体から発生した鼠の大群によって王ポンピリウスも彼の一族も高い塔の中に追い込まれ、その中で噛み殺されてしまう（以上暴君ポピェールと鼠の伝説）。こうしてこの王朝は断絶する。そしてここから第二巻が始まる。

『ヴィンセンティの年代記』は第一巻から第三巻までヨハネなる人物とマタイなる人物との対話という形で記され、ポーランドの歴史をヨーロッパの他の諸国の治乱興亡の歴史と対比しながら物語っていく。

ここでヨハネについて、若干の注を加えておく。このヨハネなる人物については、シフィエボディ・グリフティ氏族の出で、一一四二年ヴロツワフ司教、一一四六年グニェズノ大司教となったヤニクがモデルとなっていると言われている。この人物はポーランドにおける最初の二つのシスティナ派大修道院（ウェクノおよびブジェジニツィ――イェンジジェユフ）の建立者であり、またおそらくは有名な「グニェズノの扉」の作成者であったと推定されている。またマタイなる人物も一一四三年から一一六六年までクラクフ司教の職にあった人物であろうと言われている。従って両人ともヴィンセンティの一世代前の実在した人物であり、クラクフを中心とした教会組織における高位職者であったとされている。[*23]

第二巻の冒頭でマタイが、ヨハネの物語る外国の歴史は決して単なる横道、知識のひけらかしではなく、ポーランドの歴史を考察する上で極めて有益なことであると語ると、ヨハネはそれに謝意を表明する。その後でマタイはピァスト朝の起源について次のような物語を始める。

「そこでポンピリウスの家系は根元から絶たれてしまったので、新しい君主による（権力の）継承が始まった。その名声の高さは、幹が低いものであっただけに益々高く、益々大きく広がっていった。というのは、セモヴィットという名の、非常に卑しい農民の子は[*24]、力に満ちあふれ、益々勉め励んで諸々の徳を身につけていったからである。彼は先祖の力によってではなく、自分の功績によってまず軍隊の長に選ばれ、そして国の権力を手に入れた[*25]」。「それはほとんど彼の子供のがらがら（玩具）の時代から予言されていたものであった[*26]」。

「ある貧しい人がいた。彼はホティスコンという者の息子であった。名はピァスト。その妻はレピカという名で呼ばれていた。二人とも最低の氏素姓の出で、持ち物といってもこれといったものはなく、名前もほとんど知られていなかった。しかしながら清らかな生活を送りたいとする熱意は大きく、熱い思いやりの心に燃えていた。ところが、ほとんど取るに足らない彼らの小さな財産が、ある時客人を手厚く持て成したことでみるみるうちに膨れ上るということがあった。増大したのに何かが減少し、減少したのに増加するとすれば、誰が驚嘆しないであろうか。誰が狼狽しないでおれようか。（しかし）白い光によって黒くなり、黒い色によって白くなるという事もありうる。気前のよさが、貧しい、ほとんど無きに等しい持ち物を豊かにしたのである。というのは、ポンピリウスの戸口から追い払われた二人の客人に対してこの貧しい人の小屋は彼らが家に入るのを拒まなかったからである。[*27] 家人は情愛をこめて彼らを抱き、食卓につくようにと彼らを招き入れた。彼らは客人に、あまりの貧しさ故に十分な持て成しができないことの許しを請うた上で、軽い食事とビールを出した。そして何を、またどれ程のものを誰が献じたか、というのではなく、どのようにして、どのような気持ちで献じたかを考えていただきたいと懇願した。[*28]『欲することは、我にあり、されどそれを行うことは我が力にあらざるなりと言われています。[*29] 小さな男の子の巻き毛の御祓いのために、最初の断髪式の御供のために落ち穂の中から拾い集めてきたものをあなた方の前に献上します。美味い料理はないけれど、美しい心は欠けてはいません』。これに対してかの客人達は言う。『あなたがたの厚情はあなたがたの行為に名を置くものです。[*30] 人が意図したものはその数だけ為し遂げられるものです。愛の塩によって味付けされたものは、また心の中から流れる蜜が滴り落ちたものは不味いはずがありません』[*31]。

「彼らが席につくと、飲み物も増え、また料理も特に多くなっていることがわかった。それ故、四方八方から借りてきた器ではそれを載せるのに十分ではなかった。飲み物にしても、宴にいた多くの人々がひっきりなしに飲んでも底がつくということはなかった。客人は、ポンピリウス王およびその貴顕の士も含めて多くの人々を招くように命じていたのである。そこで客人はかくも大勢の人々を前にしてセモヴィットの髪を切った。

こうして、未来の君主を讃える祝宴が奇しき予言によって聖化された。彼セモヴィットは、言わば死者の灰の中でポーランド人の栄光の火花を燃え立たせたばかりでなく、ほとんど天の黄道の星座の中にポーランドの壊れることのない名声を刻み込んだのである。というのは、彼はポンピリウスの怠惰を理由に離脱していた諸部族を再び自分のもとに呼び入れたばかりでなく、まだ誰も接触したことのない別の国々を自分の領土に加えたからである。それらの国のために、十人の司、五十人の司、百人の司、千人の司の同僚、千人隊長、軍司令官、都市長官、歩兵隊長、司令長官を、そしてすべての者にすべての官職を設けた[*32]（7）[*33]」。

これを受けてヨハネは、魂の高貴さは生れと境遇には係りがないことを色々の喩えを挙げて説明する。「砂まじりの砂挨の中に真珠が潜んでいることもまれでなく、灰の中でこそ赤く熾った炭火はもっとも良く保たれている」。Saepius margaritae inter arenarum delitescunt minutias;subcinere maxime viget virtus scintillarum. そして微賤の身から最高の権力者になった者の実例を次々に列挙していく。『旧約聖書』のダビデ、サウル、ソロモンの臣、ヤロベアム、小アジアのゴルディウス、シシリアのアガトクレス、アレクサンダー大王の部下で後にシドン・フェニキアの王となったプトレマエウス、ローマ建国の祖父達の名を挙げて、「貧をよく知る人こそ君主になるべきである」tales esse debere principes, qui cum paupertate noverint habere commercium. と主張する。常に順境にある人を尊敬することは、有徳の人からすれば大変にむつかしいことである。このように述べてヨハネはストア哲学者セネカの有名な句を引用して己の立論を締め括っている。「君はつねに自分を不幸と考えるべきだ。なぜなら君は一度も不幸でなかったからだ」。Semper te puta miserum, quia numquam fuisti miser.
今、ヨハネの意図するところをより明瞭ならしめるためにセネカの文章をこの箇所の前後にわたって引用すると次のようである。
「もしも善き人が、自分の心の力を何か面倒な事件に当って示す機会に一度も恵まれなかったならば、私は彼に向っても次のように言うことができる。『私は君を不幸と思う。君は一度も不幸ではなかったから。君は敵をもたずに人生を過ごしてきた。君には何が出来るか誰も知らないだろう。君自身でさえも知らないだろう』。というのは、自分を知るためには試練を受けねばならないからである」（セネカ『怒りについて』、岩波文庫）。
試練こそ人を鍛えるものである。貧乏、逆境を克服した人は己の中にそれを克服する力を持っている人である。ヨハネがセネカを借りて主張していることは結局卑しき地位を高くするのは己の力量そのものである、ということになる。その意味において「貧をよく知る人こそ君主になるべき」と言われるのである。

さて、ヨハネとマタイの対話はここへきて一つの緊張に陥る。マタイは率直に、自分は今一つの疑問を抱くに至ったと告白する。「もしも断髪式が迷信的なものであるなら——それはまさに異教の慣習から取り入れられたものだから——、なぜそれは上で述べたような奇跡によって聖化されているように見えるのであろうか」。なぜ断髪式はキリスト教徒に対して禁じられていないばかりか、今日でも極めて厳粛にとり行われているのであろうか。このようなマタイの疑問に対してヨハネは次のように答えるのである。

「教会がナザレ人からその始まりにおいて模倣した断髪式については、私は述べない。[*34] なぜならその断髪の根拠（ratio）を知らない人は少ないと思うからである。[*35] しかし慣習の発生原因（causa）を知れば、我々の断髪式が迷信的なものでもなく笑うべきものでもないことがわかるであろう」。[*36]

「それゆえに、この種の形式が定まり、この形式が厳粛に遵守されているのは、これによって養子縁組（adoptio）が効力を得、それによって一定の法的な血縁関係が生じるからである。それは洗礼および堅信によって宗教的な血縁関係が生じるのと同様である。さて養子縁組には二つの種類がある。すなわち自権者養子縁組（arrogatio）と単純なる他権者養子縁組（adoptio）がある。アロガティオされる者は自らの権利を持つものである。アドプティオされる者は両親の聖なる権利に服している子の家族である。かつては第一の種類の養子縁組は君主の勅令によって、第二の種類は役人の命令によって成立することとなっていた。今我が国においては、養子縁組は正当な証人の証言さえ欠けていなければ、君主の裁決を求めなくとも遂行することができる。他方、養子縁組によって形成された血縁関係の神聖さは大変大きなものであるので、結婚という口実でそれを破ることはできない。聖職にある子と同様に養子縁組した者は、自分の兄弟姉妹と結婚することはできない。もっとも彼らの他の一人が父権から解放されている場合は別である」[*37]。

ここでヴィンセンティは、断髪式が厳粛にとり行われている根拠（ラティオ）を、これによって養子縁組が成立するということの中に見い出している。そして養子縁組の制度がユスティニアヌス法典にいかに規定されているかを述べ、この制度がいかに普遍的な意義を持っているかを力説しているのである。確かにヴィンセンティのこの制度に関する叙述は、ほぼユスティニアヌス法の『法学提要』、『学説彙纂』の規定と同一のものである。

「養子縁組には二種類ある。一つは皇帝の勅令によるものであり、他の一つは役人の指図によるものである。自権者を養子縁組させるものは皇帝の権威である。この種の養子縁組はアロガティオ**arrogatio**と呼ばれる。両親の権限の下にある者を養子縁組するものは役人の指図である」（『法学提要』1、11、1）[*38]。

さらにヴィンセンティはユスティニアヌス法典の規定を詳しく紹介し、養子縁組の規定は神聖不可侵のものであって、決して濫用されてはならないものであると主張している[*39]。

以上、養子縁組について縷々説明した後で最後にヴィンセンティは、まさしく断髪式こそポーランドにおいてこの神聖な養子縁組を成りたたせる極めて厳粛な儀式であると言うのである。

「かくしてこのように厳粛にとり行われる断髪式において、概して二つの種類の養子縁組がなされる。というのは、断髪される人は、単純な養子縁組（simplex adoptio）によって断髪をする人の子となり、他方彼（断髪される人）の母は、アロガティオによって養子縁組をなす人の姉妹となる。正当な原因（legitima causa）と正当な根拠（ratio）が先行しているこの種の養子縁組が荘重にとり行われないわけがあろうか。[*40] それゆえ、異教がこの儀式を考え出し、創り出したという理由で、これが神を冒涜するに価する事柄であると考えてよいだろうか。……正当な根拠（ratio）をもって設定され、先祖の敬虔な宗教的慣習（devota maiorum religio）が敬意を払っているものを尊重しないことこそ神に背く事なのである」[*41]。

こうして最初にマタイによって提出されていた疑問、すなわち異教の慣習から生れた断髪式が荘重にとり行われているのは何故か、に対して、ヨハネは次のような解答を与えているのである。すなわち異教の慣習であっても、それが先祖伝来の敬虔な慣習であり、正当な根拠（ratio）を持つものならば、それはキリスト教の観点からみても是とされるべきものである、と。かくしてセモヴィットはこの正当なる儀式、断髪式において祝福され、未来のポーランド公たる地位を予言されたのである。

第3節　小　括

以上紹介してきたように、ピァスト朝成立にまつわる伝説は、『匿名のガル年代記』において基本的な内容が与えられ、『ヴィンセンティの年代記』もほぼその骨格を継承しているといえるであろう。

しかしながら、この二つの年代記の間には、やはり大きな相異点も存在しているように思われる。すでに指摘したように、ピァスト朝の歴史的位置について、『匿名のガル年代記』はピァスト朝をポーランドの最初の王朝として紹介しており、その成立の場所をグニェズノに求めている。これに対してヴィンセンティはピァスト朝以前に長い王朝交替の歴史を置き、しかもクラクフを中心とするマウォポルスカをその舞台と考えている。その歴史の中で特に注目されるのは、ポーランド建国の祖父達がつねに外敵と戦ってポーランドの独立を保持した、という点である。アレクサンダー大王やユリウス・カエサルに対する勝利の物語は、ヴィンセンティにとっては常にポーランドを脅かしていた神聖ローマ帝国に対する精神的支柱としての意味付けがなされていたにちがいない。この点から見るならば、ヴィンセンティのこの記述は『匿名のガル年代記』の序文の次のような叙述、「(ポーランドは) 上述の諸民族やキリスト教徒や異教徒に囲まれて、突然同時に、あるいは個々別々に幾度も攻撃を受けたにもかかわらず、かつて一度も、また誰にも征服されたことがなかった」という記述の具体化として考えられるかもしれない。その点においてヴィンセンティの中にガルの年代記からの一つの継承を見ることができよう。

しかしながら他方、この二つの年代記を比較してみると、ピァスト朝成立の描き方が微妙に異なっているように思われる。『匿名のガル年代記』では、卑しい身分のピァストの息子にポーランド公の地位が約束されるのは神の賜であり、二人の旅人へのピァストの真心のこもった持て成しに対する神の報いであった。『匿名のガル年代記』ではやはり基調として「卑しき者を高くする」神の力が簡潔明瞭に強調されているように思われる。

しかしながらヴィンセンティにおいては、神の名も直接に記述の中に登場せず、ピァストの息子セモヴィットが君主の地位に就くのは、自分の功績と身につけた徳の力であり、「先祖の力」によってではなかった。もちろんヴィンセンティにおいてもピァストは卑しい農夫として描かれ、二人の見知らぬ客を心から持て成している。それに対して客人は色々な奇跡によってピァストの歓待に報い、断髪式をとり行って、ピァストの息子セモヴィットに未来の君主の地位を予言している。しかしながらヴィンセンティにおいては、「卑しき者」の意味づけは、『匿名のガル年代記』とはいささか趣を異にしているように思われる。ヴィンセンティは、卑賤の身分から高い地位に登った人物を『旧約聖書』の英雄からも、また古代社会の歴史上の王侯からも具体的に名前を掲げて列挙した上で、この卑賤の地位こそ人間を鍛錬するにふさわしい境遇であると述べ、その意味において「貧をよく知っている人物こそ君主になるべき人物である」という考えを示すのである。ヴィンセンティにおいては、人が卑しい身分から高い地位へ上昇するのは、神の力によってではなく己の力によってなのである。

こうした考え方は異教についての考え方にも貫かれている。『匿名のガル年代記』においては、「神はかつて一度ならず異教徒の持て成しのよさに報いている」と述べられ、神の意図を穿鑿することはできないこととされ、人知を超えた神の普遍的な力が強調されている。しかしヴィンセンティにおいては、断髪式が果たしている法的機能に着目し、ユスティニアヌス法典を引いてこの断髪式の正当なる根拠（ラティオ）を指摘し、まさしく正当なる根拠（ラティオ）があれば異教の慣習も神聖なものとして維持されるべきであると言うのである。神の一方的な恩寵よりも人間の力による徳の形成に重きを置き、神の普遍的な力を前面に出すことよりも、事柄に内在する正当な根拠（ラティオ）を強調すること、これがヴィンセンティの歴史観を支える一つの支点であったように思われる。

聖書と学者

第2章　ミェシコ伝承

第1節　『匿名のガル年代記』におけるミェシコ像

歴史史料が最初にその実在を確認しているポーランドの支配者ミェシコ一世について、ポーランド最古の年代記『匿名のガル年代記』は次のような記述を残している。

「ところで、このセミミスルは、思い起すに価する偉大なメスコを儲けた。以前は別の名前で呼ばれていたメスコは生まれてから七才になるまで盲であった（1）。ところが、七回目の誕生日がめぐって来た時、この少年の父親は、普通の慣習に従って、高官や諸侯を呼び集め、盛大な宴会と儀式をとり行った（2）。しかし祝宴の最中においても盲の少年のことを思って苦悩と恥辱に苛まれ、胸の奥から密かにため息をついた（3）。他の人々は、歓声をあげ、風習にならって掌をたたいて拍手喝采していたが（4）、盲の少年に視力がもどったことが明らかにされると、互いの喜びは頂点に達した。しかしながら、父親はそれを告げにやってきた人を誰も信じなかった。そこでついに母親が宴から身を起して少年のところへ行き、居並ぶすべての人々にすでに目の見える少年を紹介した。

それによって父親の揺れ動く心の結び目を断ち切った。そして少年が決して見ることのできなかった物を見分け、盲目の恥辱を無上の歓喜に変えた時（5）、居並ぶすべての人々の喜びは満場に満ち溢れた。その時セミミスル公は、その場にいた者の中の長老と分別者に、少年の盲と開眼が何かの予兆を意味しているのではないかと熱心に尋ねた。それに対して彼らは説明した。『盲は、ポーランドがかつて盲人のようであったということを意味している』。そして『今から後はメスコによって蒙が開かれ、隣国の上に立つことになろう（6）。』と予言した。実際、事柄はこのようになったが（7）、別様に解釈することもできた（8）。まさしくポーランドは、かつては盲であった。真実の神への崇拝も（9）、信仰の教えも知らなかった。しかし開眼したメスコによってポーランド自身も蒙が開かれた。というのは、メスコが信仰を受け入れた時、ポーランドの民も異教の死から救われたからである。というのは、全能の神は適切な順序でまず最初にメスコに肉の視力を取り戻させ、次いで彼に霊的な視力を与えた。それは、目に見える物を通じて目に見えない物を知ることに透徹し（10）、物を知ることを通じて造り主の全能を仰ぎ見ることができるようになるためである。しかしどうして車の輪が車を追い越していくのか。セミミスルはかくして年老いてこの世を去った」（第一巻第四章[*1]）。

以上の叙述の内、解釈上、重要な論点を提供している箇所に数字（1）（2）等を付けたが、以下これらの箇所に対する諸解釈を紹介し、併せて筆者の見解を展開していくことにする。

（1）『匿名のガル年代記』の現代ポーランド語訳の訳者でもあり、ポーランド中世年代記研究の権威でもあるM・プレジィアは、この箇所を写本へイルスベルスキ版に依拠して次のように訳している。「この名前で呼ばれた最初の人」qui primus nomine vocatus illo。そしてプレジィアはこの場合、primusは「ミェシコ一世」primus Meschoのことを指し、この年代記の第一巻第十七章に登場する「ミェシコ二世」secundus Mescho（ミェシコ一世の孫）を念頭においた記述である、と述べている。*2 地方、ザモイスキ版においては、「あの」illoが「別の」alioと記されており、ここからR・グロデツキをはじめとする多くの学者は「最初の」primusを「以前は」priusと読んで（これは古書体学の見地からみて、写本作成上よく見られる写し誤りであると考えられている）、この箇所を次のように訳出している。すなわち「以前、別の名前で呼ぱれていたミェシコ」。

それではこの「別の名前」とは何であるのか。ポーランドの年代記研究の中では、これは「ダゴーメ」Dagomeという名前を指すものであると考えられている。すなわち、これは、一〇八七年頃、枢機卿デウスデーディットが編集した教会法集成の中の、九九〇～九九二年ごろ書かれた一文書に登場する「ダゴーメ」という名を指すものと主張されてきた。この教会法集成第三巻一九七章には次のような文章が存在している。

「他の巻と同様に、我々は法王ヨハネ十五世の時代の次のような文章を読むことができる。すなわち、裁き人ダゴメとその妻オテ、その息子ミシカとランベルトュスは聖ペトロにスヒネスネと呼ばれる一つの都全体とその国境の中に属するすべての物を献じたといわれている。そのはじめの国境は長い海（岸）に沿ってプルス（プルシア）の国境から、ルスと呼ばれるところまで、そしてルスの国境からクラクフにまで達する。このクラクフからオドラ川に沿ってアレムールと呼ばれる場所にまっすぐ達する。このアレムールからミルスコの地に到り、このミルスコの地からまっすぐオドラ川に達し、オドラ川に沿って今言及した都スヒネスネに到る」[*3]。

ここで挙げられているオテはオダという名でミェシコの先妻ドンブルフカの没後の妻として『ティトマールの年代記』の第四巻で言及されている人物である[*4]。またスヒネスネという町は、ヴェルコポルスカのグニェズノ、あるいはバルト海のオドラ川河口に位置しているシチェチンを指すものと言われている。どちらにしてもこの文書が示している国家の領域はミェシコの支配する版図と重なっている。従ってここから「ダゴーメ」はミェシコ一世に他ならないとする説が立てられてきた。

ところで、この「ダゴーメ」という名前の意味するところについても色々の説が主張されている。「ダゴーメ」Dagomeはもともとドイツ語の「デーゲン」Degenが書き写されたものであり、これは刀を意味するポーランド語「ミェチ」mieczのドイツ語訳であるとし、「ダゴーメ」はすなわち「ミェチスワフ」のドイツ語への翻訳にすぎない、という説が立てられた[*5]。それに対して、ピァスト朝研究の古典ともいうべき『ピァスト朝の系図』を書いたO・バルゼルは、この書の中で、「デーゲン」Degenというのは古ドイツ語では、刀ではなく英雄を意味する語であり、「ダゴーメ」Dagomeは「私、メスコ」Ego Mescoの書き写し上の誤りであり、「ダゴーメ」は従って名前ではないと主張した。

しかしながら今日では、ポーランド中世史の多くの研究家は、「ダゴーメ」はスラブ風の名前ミェシコのキリスト教徒としての名であるとしている。[*6]

(2) ポーランド中世の経済史についても業績のあるR・グロデツキは、この高官、諸侯に次のような注をほどこしている。「この言葉コメス(comes)をできるかぎり厳密にポーランド語に移し入れようとしてきたにもかかわらず、今日にいたってもこの言葉はいまだ学問研究の中に定置されていない。年代記の作者はこの言葉を、この箇所におけるように一般的な意味に使っているけれども、時々砦または州の代官という意味にも使っている。それは後のカシテラン(城代)の地位と性格に対応するものであろう。プリンケプス(諸侯)、ドゥークス(公)という名の中には、おそらくかつての王朝氏族や部族の諸侯という意味が込められていたのであろう。彼らはピァスト朝においても、かつての権力はすでに喪失していたけれども、なお名誉ある地位を保持していた」。[*7]

(3) この部分の典拠として、マレチンスキは、オヴィディウス『変身物語』第十巻四〇二「胸の奥底から溜息をついた」、[*8] ヴェルギリウス『アエネイス』第六巻五十五「祈りは我が王の胸の底から迸る」[*9] を挙げている。

(4) プレジィアは、この慣習についての記録を十三世紀に書かれた『聖スタニスワフ小伝』の中にも見い出している。「今日までスラブ人の宴会においては、異教の歌を歌い、拍手喝采し、互いに酒をついで痛飲することが行われていた」。[*10]

(5) この箇所の典拠としてマレチンスキは、『旧約聖書』エステル記、第九章二十二節を挙げている。「憂愁より喜楽にかはり、悲哀より吉日にかはりたれば」[*11]（『旧新約聖書』〔小形引照つき文語聖書〕、九一四ページ）

（6）マレチンスキはこの箇所の典拠として、『旧約聖書』列王紀略上、第一四章七節を挙げている。「我汝を民の中より挙げ我民イスラエルの上に汝を君となし」[*12]（前掲書、六五一ページ）。

（7）マレチンスキはこの箇所の典拠として、サルスティウス『ユグルタ戦記』第八十五章二十三節を挙げている。「確かに事態はこのようであった」[*13]。

（8）マレチンスキはこの箇所の典拠として、サルスティウス『ユグルタ戦記』第七章三節を挙げている。「事柄は予想されたものとは全く別様のものとなった」[*14]。

（9）マレチンスキはこの箇所の典拠として、『ウルガータ聖書』に収録されている『旧約外典』ユデット書の第五章十九節を挙げている。「己の神への崇拝から遠ざかったことを後悔した」[*15]。

（10）この箇所の典拠としてマレチンスキは、『新約聖書』のヘブル書第十一章三節、およびロマ書第一章二十節を挙げている。ヘブル書第十一章三節「信仰によって……見ゆる物の顕るる物より成らざるを悟る」[*16]（前掲書、四六一ページ）。ロマ書第一章二十節「神の見るべからざる永遠の能力と神性とは造られたる物により世の創より悟りえて明かに見るべければ」[*17]（前掲書三〇三ページ）。

ところで『匿名のガル年代記』のこの箇所の解釈は本章全体の理解にとって決定的な意義を持っているが、それは同時に『新約聖書』のヘブル書、ロマ書のマレチンスキが指摘した箇所の解釈如何に関わっている。しかしながら、今日まで、このロマ書第一章一九〜二〇節の箇所の解釈については、神による、上からの啓示にアクセントを置く解釈と、人間の（ひとまず）内在的な自然理性にアクセントを置く解釈との二方向にひき裂かれているように思われ、一義的な理解は極めて困難なところである（U・ヴィルケンスの『ローマ人への手紙』〔EKK新約聖書註解、一九八四年〕の、人間における自然理性の内在にアクセントを置く主張と、E・ケーゼンマンの『ローマ人への手紙』〔一九八〇年〕の、神の啓示にアクセントを置く解釈の対立を参照のこと）。本稿においては、仮説的ではあるけれども、「上からの啓示」の線でロマ書を理解し、『匿名のガル年代記』の記述をその方向で解釈している。

「メスコは、公の位に就いてから（1）精神の才と肉体の力を顕しはじめ（2）、ますます頻繁に近隣の国々を戦によって悩ましはじめた。しかしながらこれまでのところは、異教の誤りに捉えられていた。というのは、自国の慣習に従って七人の妻を持っていたからである。その後、キリスト教の信仰に大変熱心なボヘミアの女、ドゥブロウカという名の者を妻に求めた（3）。しかし彼女はメスコがこの誤った慣習を捨て、自らキリスト教徒となることを約束するのでなければ結婚を断ると述べた。そしてメスコが異教の慣習を捨て、キリスト教の秘蹟を受け入れることを大いに推奨したので、聖俗の立派な道具・調度品を持ってポーランドにやってきた（4）。しかしながら、メスコがしだいにキリスト教の慣習と教会の慣行に従った儀式を熱心に吟味し、異教の誤りを捨て、自ら教会の母なる胸の中に入っていくまでは、夫婦の床をともにしなかった（5）。」（第一巻第五章[*18]）

（1）ミェシコ一世がいつ頃、公としての権力者の地位についたかはまだ確定されていないのであるが、当時のドイツ側の資料、ヴィドキンドの『ザクセン部族史』は、九六三年にドイツの辺境伯ゲロがスラブ人の公ミェシコを二度討ち破ったとする記事を残している。この点から考えて、ミェシコの権力掌握の時期を九六三年以前、ほぼ九六〇年前後と考える説が有力である。グロデツキ、プレジィアもこの見地に立っている。今、ヴィドキンドの資料を挙げておくこととする。

「ゲロ伯は彼ら（西スラブ族の一集団）に喜んで受け入れられ、遠方に住む野蛮人達をしばしば討ち倒し、リチカヴィキと呼ばれるスラブ人を支配していた王ミェシコを二度討ち破り、彼の兄弟を殺し、多くの戦利品を獲得した」[*19]。なおここに挙げられているリチカヴィキ族とは、現在の研究においては、ヴァルタ川、ヴィスワ川、ピリツァ川に囲まれたウェンチッツァ地方に住んでいた部族であり、広くヴェルコポルスカ地方の一部族であると考えられている。

（2）マレチンスキはこの箇所の典拠として、サルスティウス『ユグルタ戦記』第二十八章二節、同『カティリナ陰謀事件について』第二章一節、第八章五節を挙げている。「我々の執政官には多くのすぐれた精神的、肉体的特質があった」[*20] in consule nostro multae bonaeque artes animi et corporis erant.（『ユグルタ戦記』）、「王達はさまざまな仕方で、ある者は精神を鍛え、他の者は肉体を鍛えた」[*21] reges, divorsi pars ingenium, alii corpus exercebant.（『カティリナ陰謀事件について』）、「彼らの精神は肉体から離れては用いられなかった」[*22] ingenium nemo sine corpore exercebat.（前掲書）。

（3）ミェシコの妻となったドゥブロウカ＝ドンブルフカについても今日まで詳しいことは明らかにされていないが、チェコ公ボレスワフ一世の娘であり、九六五年にポーランドに入ってミェシコの妻となり、ミェシコとの間にボレスワフ・フロブリの他に二人の娘（アデライダ、シフィエントスウァヴァ-シグリーダ）を儲け、九七七年に没したとされている。[*23]

（4）マレチンスキはこの箇所の典拠として、ヴィポの『コンラッド一世の功績』を挙げている。「すべての教会用の道具を持って」[*24] cum omni ecclesiastico apparatu.　この部分をプレジィアは「聖俗の立派な御供を連れて」と訳している。

（5）マレチンスキは、この結婚と洗礼との順序について年代記の作者は誤りを犯していると述べている。他の資料においては、ミェシコとドンブルフカとの結婚は九六五年、ミェシコの洗礼は九六六年にとり行われたとなっている。[*25]『クラクフ参事会年報』の記述もそれを確認している。[*26]

『匿名のガル年代記』第一巻四章に記されているメスコこそ、歴史文献の中で確かめうる最初のポーランドの支配者ミェシコである。ピァスト朝の建設者ピァストから教えて四代、ピァスト→シエモヴィット→レシェク→シエモミスルはいまだ伝説上の人物である。しかしシエモミスルの子ミェシコからは歴史上の存在が確認されているのであり、一個の歴史学上の対象として研究がなされてきた。

もちろんそうはいっても、今日まで残されている歴史資料から、ミェシコについて、またミェシコの時代と社会について具体的な像を描くことは非常に困難な事柄である。ミェシコについてそれなりの具体像を提供している数少ない資料の一つ、十世紀中葉にスラブの諸国を旅行したといわれているスペインのユダヤ系商人イブラム・イブン・ヤクブの旅行記は次のような記述を残している。

「メスコの国に関して言えば、それはスラブ族の国の中で最も広い国である。この国は食物、肉、蜜、耕地（あるいは魚）が豊かである。メスコが取り立てる税は取引の秤（分銅）から集めたものからなっている。それらは彼の家臣（あるいは歩兵）の給与となる。毎月それらの一定量が彼らの各々に割りあてられる。メスコは（部隊に編成された）三千人の甲騎兵を持っている。その百人隊はほとんど他の十個の百人隊の兵士に相当する。メスコは彼らに服、武器、必要なものすべてを与える。……メスコの国は、東はルスと接し、北はプルスと境を共にする。プルスの居住地は海に面している。彼らは特異な言葉を持ち、隣国の言葉を知らない……」[*27]

この資料によると、ミェシコはすでにスラブ族の中の最有力な君主として登場し、三千人におよぶ直属の軍隊を持つ一個の専制君主として描かれており、この強大な軍隊を養う財源を交易に求めていたことがわかる。確かにミェシコは、オドラ川河口（今日のシチェチン）に通ずる商業路の確保のため、ルブシ地方、西ポモージェ地方の支配をめぐって当地の西スラブ族（ヴォリニア族、ヴィエレッツィ族、ポモジャニ族）ならびにドイツの諸勢力と和戦を含めた種々の接触を行っていた。ドイツ・ザクセン族の歴史を記したヴィドキンドの『ザクセン史』が、九六三年にゲロ伯によって当地の西スラブ族のウウジッツィ族が討たれ、またリツカヴィキ族（今日ではウェンチッツァ族と言われている）

のスラブ人の王ミェシコもゲロ伯によって討伐されたと記しているのもこうした事情を物語るものである（本書四七ページの（1）を参照のこと）。このヴィドキンドの資料、また十一世紀初頭に書かれた『ティトマールの年代記』の中から、ミェシコについての記述を紹介すればおよそ次のようになるであろう。

ミェシコはバルト海への勢力進出を図るため、後背地を固める意図で九六五年チェコと同盟を結び、その力を借りてオドラ川河口のヴォリニァ族を討ち、ルブシ地方と西ポモージェ地方を征服する。同年チェコの侯女ドンブルフカとの結婚が実現し、そしてこれと結びついたミェシコのキリスト教改宗・洗礼も翌年成就する。

「（ミェシコは）チェコの国から、長兄ボレスワフの妹である高貴な女を妻に迎えた。事実彼女はその名が示すとおりの女であった。というのは、彼女はドイツ語で「良い」という言葉のスラブ風の表現「ドブロヴァ」と呼ばれていたからである。このキリスト教信者は、多種多様の異教の誤りに埋れていた自分の夫を見て、夫と信仰を共にする方法について熱心に考えはじめた。あらゆる点において、彼女は夫の心を捉えようとしたが、それは堕落したこの世の三つの欲望を満たすためでなく、すべての信者によって渇望される、来世の称賛されるべき報いから生じてくる益のためであった[*28]」。

ルブシの土地の征服はミェシコをドイツ諸侯との交渉にひき入れ、九六七年、ミェシコはドイツ人によって「皇帝の友」と呼ばれる。しかしドイツとの緊張はこれで解消したわけではなかった。

九七二年、オド伯はポモジャニ族とともにポーランドに侵入するが、かえってミェシコに撃退される。九七九年までミェシコはオットー二世と対立関係にあったが、九八三年、ヴィエレッツィ族がドイツの支配に対して反乱を起すと、ミェシコはドイツ側についてヴィエレッツィ族鎮圧に乗り出す。ミェシコはこの時、ドイツ・ポーランドの関係が改善され、逆にドイツ・チェコ関係が悪化したのを見ると、九八九年マウォポルスカとクラクフを支配下に置く。こうしてこの時までにミェシコの領土は、北はポモージェを含んでバルト海まで、東はルスの国境、南はマウオ・ポルスカ、西はシロンスク、ルブシの地に及ぶ広大なものとなった。このような勢力拡張の上に立ってミェシコは、九九〇年から九九一年にかけてクラクフを含めたこれらの領土をローマ法王に献じ、自らの国土をヨーロッパの普遍的権威の下に置こうとする一文書を提出した（この文書については、本稿の『匿名のガル年代記』第四章の（1）の注釈を参照）。ミェシコは晩年、ドイツの諸勢力、とりわけオットー二世との関係を強化するために妻ドンブルフカの没後、九八九年ドイツの辺境伯テオドリックの娘オダと結婚する。[*29] ミェシコが九九二年に没すると、先妻ドンブルフカの子ボレスワフ・フロブリはオダとその子を追放して単独で権力を掌握する。

以上が歴史文書から明らかにされるミェシコの事績である。しかしながらこれらの記述は、ミェシコについて、いわば外側から外交の対象としてのポーランドの君主ミェシコの行動を描いたものに過ぎず、ミェシコがどのような人物であったかについては少しも語るところがない。後代に残されたポーランド語による資料としては、ただミェシコという名前だけが残されたのである。

ところで、ポーランドにおける今日までの諸研究は、このミェシコなる名前がポーランドだけで知られ、またポーランドでもピァスト朝が没落するとともに使われなくなったという点に注目してきた。そこでこの名前の意味に焦点があてられ、そこからミェシコなる人物の像を引き出そうとする試みがなされてきた。王朝の建設者に係わる名前は一つの象徴機能を持っており、これを解明することでその名前を持った人物の社会的役割が推定されると考えられてきたからである。今その代表的見解を紹介すれば、次のようである。

【1】『匿名のガル年代記』が書かれてから約百年後、十二世紀末から十三世紀初頭に成立したといわれている『ヴィンセンティの年代記』が表明し、さらに十三世紀末から十四世紀にかけて書かれた『ヴェルコポルスカ年代記』、そしてポーランド・ルネサンスの記念碑的年代記、ヤン・ドゥウゴーシの『栄光のポーランド王国年代記』へと踏襲されてきている見解においては、ミェシコは「ミエシャチ」(「狼狽する」あるいは「動揺する」)から来た言葉であると解釈されている。後述するように、『ヴィンセンティにおいては、ミェシコの両親は息子が盲なのを知って「狼狽した」と記され、『ヴィエルコポルスカ年代記』においては、ミェシコが盲で生まれ、しかも父親シエモミスルにはその他に子供がなかったので、ポーランド人達は王国に再び「騒乱」が生じるのではないかと心配したという。そこからミェシコ＝動揺・騒乱という名前が作られたと記している。「また王国に騒乱が来る

ぞ！（と言った）。なぜならミェシコは動揺・騒乱と呼ばれたからである」。[*30] さらにドゥウゴーシの年代記ではヴィンセンティと『ヴェルコポルスカ年代記』とを踏まえて次のように記されている。

「定められた日（断髪式）になり、人々は君主の息子に与えるに相応しい名前を捜したが、息子をミェシコと呼ぶことは、父親にも高位高官たちにも納得がいくものであった。なぜならそれはポーランド語で騒乱、あるいは動揺を意味する言葉であり、生まれた時から息子が盲であったことは、両親にとってもポーランド国民にとっても混乱の元であったからである。[*31]」

【2】ドゥウゴーシは前述した見解とは別に、ミェシコとは、ミェチスワフの指小形で、子供の時に用いられた名前であり、ミェチスワフが正式の名前であり、これはポーランド語で「ミェチ」（持つ）と「スワヴァ」（名誉、高名）という二語の合体としたものであって、ミェチスワフとは「高名な方」という意味に他ならないとする見解も提示している。[*32] 十六世紀の人文主義者、マルチン・クローマーもこれに似た説明をし、その著『ポーランド人の起源と事績について』の中で、ミェチスワフの「ミェチ」はポーランド語の「ミェチ」（剣）であり、従ってミェチスワフとは「剣を以て名誉を得る者」という意味を持っている、とされる。[*33]

【3】ミェシコは「ミーシ」（クマ）から来た語とするもの、またミェシコは「ミェチヴィエチ」→「ニェチヴィエチ」（クマ）を語源とすると解する説も近代以降の語源学的な研究において有力である。[*34]

【4】聖書、あるいはキリスト教史の上に登場してくる人物の名前から取られたとする説。[*35]

【5】その他に種々の名詞から取られたものとする多くの見解が出されている。「復讐 misti）」

「芯(mech)」「髄（mech）」「ネズミ（mysz）」「袋（mieszek）」。

【6】しかしながら最近、言語学的・音韻学的研究から一つの注目すべき研究が現われた。ミェシコとはそもそも「盲」を意味したとする見解がそれである。今この見解を紹介してみるとおよそ次のようになろう。

ミェシコ Mieszkoという名前が文献史上表わされた最も古い形はミシカ Misica, ミスカ Mischo, メスコ Mescho（Misca, Misico, Misacaはその変形）であるがミシカ Misica, ミスコ Mischo, メスコ Meschoの三語の内、変化しないか、あるいはeに変化している第一音節のイ（i）は軟子音jの強音であり、第二音節のイ（i）は軟子音jの弱音であって音韻上の変化過程で消去されやすいものである。従ってこの言葉の語幹形成辞はムィス mъsとなる。他方sは古ポーランド語においてしばしばsz, ś, ŝ, z, žと置き替るものである。とくにsがその前後の母音の間に置かれる時はzの音と置換されやすい。従ってムイス Mъsはミイズ Mъzとなり、語全体はムィジィカ Mъzъkaとなる。また古スラブ語ではムィズ Mъzはしばしばムィグ Mъgにも置換されるので、ムィジィカはまたムィギィカ Mъgъkaともなりうる。語尾イカ ъkaは語が名詞化する時の指小形の接尾辞である。そこで語ムィズ Mъz、ムィグ Mъgがどのような意味を持っていたかが問題となるわけであるが、これを語幹としている言葉を列挙すると次のようである。

（1）ムグワ mgła（もや、かすみ、曇らせること、混乱、視力障害）

（2）ムグレチ mgleć（暗くなる）

（3）ムグリチ mglić（もや、かすみで覆う、目がかすむ）
（4）ムグリチ・シェン mglić się（濁す、盲になる）
（5）ムグリスティ mglisty（濁った、不透明な）
（6）ムジェチ mżeć（目を細める、目を閉じる）
（7）ムジェク mżek（目を細める人、盲のおばあさん）
（8）ミエジェク mieżek（ムジェクと同意義語）
（9）ミェシカ mieżka（混乱、混濁、この語義こそ、ヴィンセンティや『ヴェルコポルスカ年代記』、またドゥウゴーシが依拠しているところのものである。）
（10）ムジィチ mżyć（居眠りする、まどろむ、まばたきする）
（11）ムジィク mżyk（闇、盲のおばあさん）

以上の諸語を貫くものは、視力の混濁、何かの視力障害を意味する語義である。従ってムィジカ Mьzbka とは盲の人、限に障害のある人を意味したと考えられる。[*36]

ところで、ミェシコの名をめぐるこのような語源学的・言語学的な説明のうち、いずれがより真実に近いかを論定することは非常に困難なことであろう。しかしながら、『ヴィンセンティの年代記』、『ヴェルコポルスカ年代記』、さらにドゥウゴーシの年代記の解釈は、それがかつて広く流布し、それなりの説得力を持つものとして信じられてきたという事実からみて、やはり第一に考慮されなければならない見解であると思われる。そしてこの伝統的な説は、最後に紹介した今日の言語学的アプローチからする解釈からもそれ程遠く隔たってはいないのである。

このような考え方に立てば、ミェシコなる名前の意味するところは、「混乱」「混濁」「盲目」といった何らかのネガティヴな価値を表現している言葉ということになる。それでは何故にポーランドの支配者であり、神聖ローマ皇帝とも戦を交え、版図を拡大した名君がこのネガティヴな意味を持つミェシコなる名前を持つことになったのであろうか。また、他方でこの名前は後代にも引き継がれていく（ミェシコ二世、ミェシコ・スターリ）のであるから、それはまた「よき印」「よき徴の名」でもあったはずである。「高名なる方」「剣を以て名誉を得る者」という解釈もそうした要請の一つの対応であったかもしれない。もしミェシコなる名が何らかネガティヴな意味を持つ名だとしたらここに不吉な名をよき名に転換する一つのモメントが必要となる。昔からの口承伝説の中に伝えられてきたといわれているミェシコの開眼という奇跡譚こそ、その転換のモメントとなったのではなかろうか。すなわちこの奇跡が生じたと考えられたために、ミェシコの名は神に祝福された神聖な名に転化し、ミェシコの権威をより高く上昇させるシンボルとなったのではなかろうか。

以上の想定が許されるとすれば、『匿名のガル年代記』の作者は、この伝承されてきた名前と奇跡譚とを彼自身のキリスト教的な思考によって潤色したということができるであろう。まさしくミェシコこそはポーランドにキリスト教を導入した最初の君主であった。このミェシコが盲から神の力によって視力を回復したことは、ポーランドがキリスト教国となったこと（「蒙が開かれる」）を最も鮮明に内外に告示することを意味するだけではなく、それにも増して、このことによってミェシコの権威が直接神によって聖化されたことを示すことになるのである(「霊の視力」)。その際注目すべき点は、この奇跡が生じたのは、異教の習慣である断髪式の最中であり、しかも宴会の座に居並ぶ者は、すべて異教の徒であったと記されていることである。第1章で紹介したように、かつてミェシコの祖先ピァストも息子の断髪式の際、神によって瑞兆が恵まれたことがあった。今また同じように神は直接ミェシコに恩寵を下し、肉と霊の視力を与え、全能の神への信仰を用意したと記されるのである。

第2節 『ヴィンセンティの年代記』におけるミェシコ像

それでは、『匿名のガル年代記』のほぼ百年後に書かれたとされるヴィンセンティ・カドゥベックの『ヴィンセンティの年代記』では、ミェシコはどのように描かれているのであろうか。

第二巻第八節、第九節において展開されるマタイとヨハネの対話は、このミェシコについての記述に集中している。

「〔マタイ〕ところで、セモミシルからは、かの有名な盲のメスコが生れた。彼は盲のまま七歳まで育てられた。七歳の年の終りに、神の光に照らされて視力を得、年に似ず勤勉精励となった。しかしながらこれ程までに長い間、メスコは理性の光を奪われて(1)盲となったと考えられている。

というのは、妻と呼ばれていた七人の淫らな妾たちを交代で夜の奉仕に従わせるのを習慣としていたからである。しかしながらメスコは彼女達を遠ざけてドュブローカという名のボヘミアの女と結婚した。彼女との幸福な結びつきによって不信仰の氷は溶け、我々の異教の渋いブドウ酒は、真実のブドウの若枝からできたブドウ酒に変る。というのは、カトリックの信仰に大変熱心な彼女は、ポーランドの王国全体が王自身とともにキリスト教の信仰告白の印を受け入れないでは結婚への意志を持つ気にならなかったからである。というのは、信仰の相違は結婚への障害の一つであることを知っていたからである。そこでポーランドの最初の王メスコは洗礼を受けたのである（2）」[*37]。

（1）この「理性の光」**lumen rationis** という言葉はいうまでもなく、キリスト教の教父ならびにスコラ哲学の用語法を想起させるものである。典型的には、トマス・アキナス『神学大全』第一部第一問第一項に次の言及がある。「哲学的諸学問においては、或ることがらが、自然的理性の光 **lumen naturalis rationis** によって認識されるものたるかぎりにおいて取扱われ、それとともに、またその同じことがらが別個の学においては、神的な啓示の光によって認識されるものたるかぎりにおいて取扱われるということに何の妨げもない」[*38]。なお理性と光との関係について、アウグスチヌスはトマスとある一点において異なっているように思われる。アウグスチヌスはその『告白』で、他ならぬ『匿名のガル年代記』のミェシコの開眼に関する叙述の典拠として用いられている『新約聖書』ローマ書第一章第一九～二〇節を引用した後で次のように述べている。「こうして、私は一歩一歩、物体から身体によって感知する魂へ、この魂から、身体の感覚が（身体の）他にあるものを伝える魂の内面の力へ――ここまでは動物も到達することができる――、さらにこの力から、身体の感覚によって捉えられたものを引き受けて、これに判断をくだす理性の能力へと登って行った。ところが、この理性の能力も私のなかでは、まだ変りやすいものであることを悟ると、自己直視まで登りつめて、その思惟を習慣から遠ざけ、矛盾する幻想の群れから身を引いた。理性の能力 ratiocinans potentia がそうしたのは、変りやすいものより、変らないもののほうがすぐれている、と迷わず叫ぶとき、どのような光を浴びるかを知るためであった。こうしたことから、理性の能力は不変者そのものを知るようになった、……そうして、おののきながらちらっと見ているうちに、存在するものに到達した。けれども、そのとき、私は『あなたの見えない性質を、被造物を知ることによって明らかに認めた』が、それを見つめることはできなかった（『告白』第七巻第一七章）。[*39] さらに光と理性についてアウグスチヌスは『創世記逐語解』で次のように言う。「しかし、光そのものは、すなわち魂を照らして、魂にあらゆるものを見させ、そうして、独立にせよ、それに助けられてにせよ、真に理解させるような光は、魂とは異なったものである。そのような光こそ神そのものだからである。また、魂は理性や知性を具えたものであっても、神の姿にかたどって造られた被造物であって、あの光を見ようとすると、弱さのためにふるえて、はっきり見ることができない。けれども、魂がどうかこうか理解できるものはすべて、あの光によるのである。……魂は自分ひとりで理解しながら見るすべてのものを、この光に助けられて見るのである[*40]」それゆえアウグスチヌスにおいては、ロマ書第一章第一九〜二〇節において言われている「神について知りうる事柄は、彼らには明らかである」、「神の永遠の力や神性のような、神についての目に見えない事柄は宇宙創造の時から、造られた物を通して明らかに悟ることができます」という文章についての解釈は、結局のところ神の上からの啓示の光が物への認識を可能にするとする理解に落ち着いており、それに対してトマスは、「我々の理性の自然的本性的な光それ自身、やはり神的な光の或る分有にほかならない。」（前掲書、二五〇ページ）とし、「我々の自然的本性的な認識 naturalis cognitio は感覚 sensus から始まる。だから、我々の自然的本性的な理性 naturalis cognitio の及びうる範囲は、それが可感的なるもの sensibilia を通じて導かれてゆくことの可能なかぎりのことがらを出ることができない。いま、可感的なものを以てしては、我々の知性 intellectus は神の本質 essentia を見るまでには達することができない。なぜなら、可感的被造物は神の果 effectusではあるが、しかしその因 causaの力に対比せざる果である。だから、可感的なものの認識よりしては、神の力の全体は認識されることができず、従って、その本質 essentia は見られることができない。然し、果は因に依存するものであるがゆえに、我々はこれら可感的なものよりして、神についての、それが存在するかということの認識にまで導かれることはできるのであり、のみならず、万物の第一原因であり、しかもおよそ自らによって原因された一切のものを超えているものたるかぎりにおける神に必ず適合せざるをえない諸般のことがらの認識を神について持つまでに導かれることはできる。かくて我々は、神について、それの被造物に対する関係 habitudo を認識する。つまり、神が万物の因であることを認識する。[*41]」。ここに理性と神の光についての、トマスとアウグスチヌスの径庭が存在する。トマスのおいては、光は、人間に、因としての神の光を、果としての自然的理性の光として分有・内在化しているのである。それはまた両者におけるロマ書第一章二十節の解釈の相違をもたらす。それでは、ロマ書のこの箇所をヴィンセンティはどう解釈したのであろうか。神の永遠の力と神性とを容認させるのは、人間の理性であるとする考え方がすでに存在していたとすれば、ヴィンセンティがここに理性の光の欠如＝盲を語るのは、決して単なる修辞上の事柄ではないであろう。なおケーゼマンの『ローマ人への手紙』（岩本修一訳、日本キリスト教団出版部、一九九〇）八二－八六ページ参照。

（2）ミェシコは、中世キリスト教の伝統の上に立った正式の戴冠式を受けた王ではない。しかしヴィンセンティは、ピァスト朝以前の王朝の建国者グラックスをも王 rex と呼んでいる。従ってここでの王の呼称はヴィンセンティなりの独自の制度観に立つものと捉えるべきであろう。

「〔ヨハネ〕彼は総じてすべての王の中で第一の王であり、最も清朗な者であった。彼によって新しい星の光が我が祖国の上に輝いたのであり、彼によってかくも大きな恩寵の泉が我々の沼の底まで流れ下った。彼の行為は表面においてすばらしいものであったというよりはむしろ、豊かな内密において尊ばれるべきものであった。というのは、彼の盲目は疑いもなく我々の欠如であったからであり（1）、真実の光の欠乏がそれをもたらしたからである。というのは、あなたがたは、彼の幼年時代の七年というものを我々の無知、我々の誤りの普遍性以外の何物かであると考えられるであろうか。なぜならば、七という数字は、多くの理由から普遍性（の表現）に役立っているからである（2）。それゆえ『私は汝に七度許せとは言わない。七度の七〇倍という（3）』。これはすなわちすべての罪を、ということである。同様に『七度身を洗え、すなわちすべての物をことごとく洗い流せ、そうすれば清くなるであろう（4）』。またトビア書に『私は七つの聖霊の一つ、ラファエルである』とある。（5）それはすなわちすべての天使たちのうちの一人ということである。それゆえメスコは七年間の幼年時代を通じて、我々は我々の頑なな心のままの全生涯を通じて暗闇に包まれていた。七才の終りにメスコには視力がもどり、世の末に至った我々には七種の恩寵の光が流れ下った（6）。メスコは七人の妾によって縛られ、我々は七つの大罪に陥った。結局メスコは一人の女と結ばれ、我々は一つの教会の抱擁の中で一つに結ばれるのである。実際彼はメスコと呼ばれたが、それは及ち『狼狽』を意味するのである。というのは、両親は盲の息子を見て『狼狽』したからである（7）。あるいは寓話的に次のようにも言われている。すなわち彼から我が苗床の上に霊的な戦いが始められたと考えられている。というのは、彼によって悪しき平和を破るため良き戦いの種が蒔かれたからである。また、図らずも福音書が次のように述べている。『ツィターのすべての弦が鳴り響くわけでもなく、神秘の中に置かれている物がすべて神秘的な意味を持っているものではない（8）。』と[*42]」。

（1）ここでの「欠如」privatioという言葉の用法はネオプラトニズム的な、またスコラ学的な使われ方である。プロティノスの『エネアデス』に次のようにある。「だから〈欠如〉は「非善で有る」ということを意味しているのであるが、全くの欠如は〈悪〉を意味するのである」[*43]。トマス・アキナスにおいては、「ところで、ものが可認識的たるのは、いずれも、そのものが存在するかぎりにおいてである。だからして、悪の存在はまさしく善の欠如たるにあるのであってみれば、諸々の善を認識するというまさにそのことによって、神はまた諸々の悪をも認識する」（『神学大全』第一部第十四問十一項、前掲書第二巻三九ページ）。トマスにおいてはさらに具体的に、欠如と視覚とについての直接的な言及がみられる。「例えば、点や一は、量的なものの根源として、量という類に還元されるし、盲目などの欠如もすべてこれらに対応する所有態の属するところの類に還元される（『神学大全』第一部第三問五項、前掲書第一巻六五ページ）。「存在ということは、およそ如何なる意味のものであっても、なんらかの形相に即しての存在である。だから、それぞれの場合における、ものの存在に従って、その形相に応じた格調、種、動向が見出される。……悪とは、こうした特定の存在を奪い欠如せしめるところのものであって、例えば、盲目は視覚の存在を奪っている（privat）」（『神学大全』第一部第五問五項、前掲書第一巻、一〇八ページ）とされる。スコラ学の世界では「欠如」は「視覚の欠如」と解釈されている。すでに十二世紀から始まっているスコラ学的な傾向を有するヴィンセンティがここで「欠如」を「視覚の欠如」という意味と「善の欠如すなわち悪」という意味との双方に掛けて理解していると解釈してもよいであろう。

（2）このような数の神秘的解釈の中に、キュルビスはネオプラトニズムの影響をみている。

（3）『新約聖書』マタイ伝、第十八章二十二節「否、われ『七度まで』とは言わず『七度を七十倍にするまで』と言うなり」（前掲書、三八ページ）。古代教父の注解においても、たとえばアウグスチヌスの注解において「七はすべての数として数えられる」とされている。

（4）『旧約聖書』列王紀略下、第五章十四節「是においてナァマン下りゆきて神の人の言のごとくに七たびヨルダンに身を洗ひしに、その肉本《もと》にかへり嬰児の肉の如くなりて清くなりぬ」（前掲書、六八四ページ）。

（5）『旧約外典』トビト書第十二巻十五節「わたしは七人の天使の一人、ラファエルです」Ego enim sum Rafahel angelus unus ex septem.（『聖書外典偽典』I、教文館、一九八二年、二四二ページ）[*44]。

（6）『新約聖書』コリント前書、第十章十一節「末の世に遭へる我らの訓戒のために録されたり」scripta sunt autem ad correptionem nostram in quos fines saeculorum devenerunt.（前掲書、三四七ページ）[*45]。なおここでヴィンセンティは「理性の光」と対応させて「恩寵の光」という言葉を使っているけれども、これもトマスにおいて「自然的理性の光」との関係において理解されるべき重要な言葉となっている。「知性の自然的光は恩寵による光の注入によって強められる」（『神学大全』第一部十二問十三項、前掲書、二五六ページ）。

（7）前章のミェシコの名前の語源学的言及を参照。

（8）この部分の典拠についてキュルビスは、黙示文学か福音書の注解かであろうと推定しているけれども、今日までそれは確定されていない。

第3節　小括

こうして、ミェシコについてのヴィンセンティ・カドゥベックの叙述内容が『匿名のガル年代記』のそれとほぼ重なりあうものであることは一見して明らかなことであろう。しかしながら、このヴィンセンティの物語がかもし出す雰囲気は『匿名のガル年代記』のそれといささか趣を異にしているように思われる。

まず最初に両年代記の相違点を示すものとして注目すべきは、ミェシコの盲目についての描き方である。『匿名のガル年代記』はミェシコの盲目を一つの事実として書き記すにとどまっている。だがヴィンセンティにおいては、ミェシコの幼児期七年間の盲目という事は述べながらも、同時にそれはミェシコにおける理性（ラティオ）の光 lumen rationis の喪失を意味しているという考え方をも紹介し、むしろこの解釈に重点を置いているように思われるのである。ここには、ある歴史的事実は、ある隠された秘密の意味の象徴として捉えられなければならないとするヴィンセンティの見地が現われているように思われる。

それではさらにミェシコにおける理性の光の喪失とは具体的に何を指すのであろうか。ヴィンセンティは、ここでミェシコが七人の淫らな妻を持ったことに触れ、理性の光の喪失は、ミェシコの非倫理的態度に関係していると述べている。次いで盲目についてのこのような描き方の相違は、またミェシコの開眼についての描き方の相異をもたらす。『匿名のガル年代記』においては、なぜミェシコに開眼という奇跡が訪れたかという問いは欠落している。ピァストに二人の旅人が訪れた時のように、今度の神の奇跡も人間には推し量ることのできないものであると考えられているかのようである。「いったい誰が神の偉大な業を理解することができようか。また誰が神の恩恵を敢えて穿鑿することができようか」(『匿名のガル年代記』第一巻二章)。それに対してヴィンセンティの場合は、開眼はミェシコの側での倫理的態度の変化、すなわち七人の妻を遠ざけ、一人のキリスト教徒の女と結婚するという行為に結びつけられている。このミェシコの行為との相関において、神の先立つ恩恵が開眼という奇跡なのである。ここでは神の一方的な恩恵下賜が開眼の原因となるのではなく、ミェシコの側の倫理的態度の変化が神の恩恵に結びついていなければならないのである。

従って『匿名のガル年代記』においては、開眼は、将来のポーランドのキリスト教化を暗示しているけれども(「蒙が開かれて」)、開眼それ自体とミェシコの結婚・洗礼とは一応独立の出来事として叙述されている。しかしヴィンセンティにおいては、開眼とドンブルフカとの結婚=洗礼は一つの因果関係のある事件(理性の光の展開)として結びつけられている。

さらにヴィンセンティにおいては、ミェシコの盲目は「欠如」を意味していると解されている。また「七」という数字が普遍を意味しているとした上でミェシコの「七年の盲目」は「我々の無知 insipientia、誤りの普遍性」であるとし、他方「開眼」はミェシコに「視力」をとりもどさせ、我々には「七種の恩寵」を与えたとする。また「盲目」は、ミェシコの七人の妻への拘束を意味し、また同時に「我々」が「七つの大罪」に陥っていたことを意味するとされる。「欠如」という語がネオプラトニズム、またスコラ学の用い方としては「善の欠如」すなわち悪を意味しているとするならば、「無知、誤りの普遍性」「七つの大罪」は悪そのものを意味していると考えられる。ヴィンセンティにおいてはこうして「盲」は悪の象徴として、また反倫理の象徴でもあった。

『匿名のガル年代記』とヴィンセンティの年代記の間には百年の歴史の経過が横たわっている。この百年はポーランドの歴史にとって何を意味したのか、今日それを捉えるに足る資料は極めて少ない。しかしこの二つの年代記の比較を通して、同一の素材に対する異なった描き方の中に百年の推移の意味を探ってみることはできるであろう。

王と聖職者

『匿名のガル年代記』においては、ピァストの子シエモヴィットの権力は直接神からの恩恵として与付されている。権力者の能力と徳でなく、異教徒でありながらも貧しい農民の息子の断髪式の宴の持て成しに神は関わったとされている。ミェシコに関する叙述においても、ミェシコの開眼の状況描写の中には異教の風俗・習慣が意識的に描かれ、ミェシコは異教徒の中で異教徒のまま、神の恩恵として開眼の奇跡を体験するのである。それに対してヴィンセンティの叙述は、ミェシコの異教性を悪、無知insipiens、多淫、といったキリスト教の立場からする反倫理的な側面においてとらえ、従って開眼は、ミェシコの倫理的態度の変更、理性的光の回復＝キリスト教への自覚的改宗を象徴する奇跡であったと描かれている。このような叙述のずれは、端的に、ポーランドにおける王位の称号付与の仕方にも反映されている。『匿名のガル年代記』では、キリスト教に改宗したミェシコこそが、最初のポーランドの王とされているが、『ヴィンセンティの年代記』では、ピアスト朝の前に、クラクフで王位に就く王朝が措定されているのであり、この最初の王クラクは、自己の統治力に基づいて王として君臨するのである。ここにポーランド史の構成上の大きな相違と王朝の正当化の論理の大きな変化を見ることができるであろう。

第3章　ボレスワフ・フロブリ伝承

第1節『匿名のガル年代記』のボレスワフ像

ポーランド最古の年代記『匿名のガル年代記』の基本的テーマが、ピァスト朝の権威と正統性を強調するところにあったことはすでに紹介したところであるが、とりわけこの年代記の力点は、殊に三代にわたるボレスワフ（フロブリ、シチョドリ、クシヴォウスティ）の輝かしい功績を描くことによって、ポーランドの対外的「独立」と優位性を高唱するところにあった。しかしながら、西欧の辺境に位置するポーランドが自らの「独立」、優位性を対外的に主張しようとする時、少なくとも西欧において普遍的権威とされていたキリスト教的世界に自らを位置づけねばならなかったはずである。しかしながらその結果、すでに西欧において鋭く問われていた聖権と俗権をめぐる対立・抗争をポーランド自らの内部に抱え込むこととなった。十二世紀初頭に書かれた『匿名のガル年代記』と、十二、三世紀の交に書かれた『マギステル・ヴィンセンティのポーランド年代記』（以下『ヴィンセンティの年代記』と略記）とは、その点についてのポーランドの対応を窺わせる重要な基本資料である。

本節はピァスト朝の歴代君主の中でもポーランドの勢威を最も輝かしいものにしたと評価されて

いるボレスワフ・フロブリに関する両年代記の叙述を検討することによって、聖権と俗権に関するポーランドの対応の推移を描いてみようとするものである。

『匿名のガル年代記』はその第一巻の第六章、第七章、第八章、第九章をボレスワフ・フロブリの記述にあてている。今、本稿の視点に係る箇所を挙げてみると次のようである。以下のテキストには、(1)(2)と番号を付し、その部分に関する注釈を述べていくことにする。

「それゆえ、ポーランドの最初の君公メスコは、敬虔な妻によって洗礼の恩寵を得た(1)。そして彼は十分すぎる程の名誉と栄光に達する。なぜならば、彼の時代に、彼によって天から朝の光がポーランド王国に訪れたからである(2)。すなわち、神によって祝福された女から栄光に輝くボレスワフを得たからである(3)。ボレスワフは、父の死後、勇敢に王国を治め、神の寵愛を受けて徳と力を増し加え、こう言ってよければ、自分の中庸の徳で全ポーランドを黄金のように輝く国にしたのである(4)。しかしながら、誰が正しく彼の勇気ある行為(5)、囲繞する諸国民と交えた戦争について語ることができようか(6)。ましてそれを文字にして後世に伝えることができようか。モラヴィアとボヘミアを征服し、他方でプラハにおいて君公の座を占領し(7)、それを自分の代官に委ねたのは他ならぬボレスワフではなかったか。戦において幾度もハンガリア人を打ち倒し、彼らの国のすべてをドナウ川まで自分の支配下に置いたのは、他ならぬボレスワフではなかったか

(8)。他方でボレスワフは、反抗するサクソニア人を大いなる力で鎮圧し(9)、彼らの土地の中央、ザール川の川辺に鉄柱を打ち込み、ポーランドの国の境を定めた(10)。ボレスワフが足下に踏み敷いたこと(11)が明らかな異教の諸国民に対する彼の勝利、凱旋を声に出して一つ一つ挙げ連ねていくことは必要なことであろうか(12)。というのは、彼こそセレンチアを、ポメラニアを、プルシアを、彼らが異教を信じて反抗した時には粉砕し(13)、改宗した時にはその信仰を強め、その地に、法王の了解のもとに、否、法王がボレスワフを通して多くの教会を建て、司教座を設けたのである(14)」(第一巻第六章)[*1]。

(1)『ヴィンセンティの年代記』第二巻第八章の末尾の文章は、ほぼこの箇所と同じ表現を用いている。「かくしてポーランドの最初の王メスコは洗礼の恩寵を受け入れた」[*2] Primus itaque Polonorum rex Mesco gratiam baptismi suscepit。ただし相違している一点がある。『匿名のガル年代記』においては、ミェシコは公 duxと呼ばれているのに対し、ヴィンセンティにおいては、王と呼ばれている。この差異は両年代記の性格全体を規定しているように思われる。

(2)マレチンスキもプレジィアもこの箇所の典拠として『新約聖書』ルカ伝、第一章七八節を挙げている。「これ我らの神の深き憐憫によるなり。この憐憫によりて、朝の光、上より臨み」[*3] per viscera misericordiae Dei nostri in quibus visitavit nos oriens ex alto.

年代記者は、この箇所で『聖書』の中でも特徴的な表現「朝の光」oriens という語を用いているけれども、これは『聖書』の中ではメシアの到来を指す言葉である。すなわち年代記者は、ボレスワフの誕生をポーランドにとっては、メシアに比すべき意義を持った出来事として紹介しているように思われる。そもそもルカ伝のこの箇所は、いわゆる「ザカリヤの賛美」と呼ばれる詩の一部分にあり、古くから『ウルガータ聖書』においては、その詩の冒頭の語を取って、「ベネディクトゥス」と呼ばれ、マリアの讃歌「マグニフィカート」と対比されてきたものである。第1章の「ピァスト伝承」で述べたように、年代記作者がピァストの権威の神的起源を強調した時、このルカ伝の「マグニフィカート」の文言を利用したとすれば、ここでボレスワフの権威の神聖性を力説しようとした時、やはりルカ伝の「ベネディクトゥス」に依ったと考えることは十分ありうる事柄であろう。

（3）ボレスワフ・フロブリは、O・バルゼルによれば、九六七年、Z・ザグジェフスキによれば九六六年に生まれている。ボレスワフは九九二年にミェシコの後を継いで公の位に就き、一〇二五年に王の地位に即くが、その数年後に没する。[*4]

（4）マレチンスキも指摘しているように、この箇所は十三世紀中葉に書かれた『聖スタニスワフ小伝』の文章と酷似している。この点に注目して、聖スタニスワフの列聖への過程で作成されたこの『小伝』は、『匿名のガル年代記』の資料を用いて作成されたものであるという説が立てられた。『聖スタニスワフ小伝』における類似の文章を掲げると以下のようである。「実際、彼はポーランドを勇敢に統治しただけでなく、有徳によって輝かしいものにした。」Regnum autem non solum viriliter gubernavit, sed et sua probitate Poloniam deauravit.（1）で述べたことも考えあわせると、『匿名のガル年代記』は、ポーランドの諸年代記、諸聖人伝等の作成上の源泉の位置を占めるべきものである。
（5）マレチンスキはこの箇所の典拠として、サルスティウスの『ユグルタ戦記』を挙げている。「彼らの勇気ある行為を想起することによって」[*5] eorum fortia facta memorando.
（6）マレチンスキはこの箇所の典拠として、カステルスのアダムスによる『カメラセンスの司教オドの生涯』の一文章を挙げている。「彼が持っていた諸々の徳を誰かが語ることができるであろうか。」[*6] quis autem virtutes, quas possederat, digne valeat enumerare
（7）ザグジェフスキによれば、このボヘミア・モラヴィアの征服は一〇〇二〜一〇〇四年に遂行された。[*7] なおまた、ボレスワフのボヘミアに対する関係については、前掲のグルジェンスキの注解が詳しい。
このボヘミア・モラヴィア出征については、ドイツ側の資料『ティトマールの年代記』第五巻第三十章の記述は『匿名のガル年代記』の描くボレスワフ像とは対極的な像を提出している。ティトマールはボレスワフに対して概して厳しい評価を下しているけれども、この事件についても、ボレスワフが奸計を用いて時のチェコ公ボレスラワフ・ルーディを盲にしたことを挙げ、ボレスワフを野心に満ちた傲慢な暴君であると非難している。[*8]
（8）ボレスワフのハンガリア占領とドナウ川までの領土拡張については、『ポーランド歴史資料集』に『匿名のガル年代記』の校訂版を掲載したA・ビエロフスキは、『ハンガリア・ポーランド年代記』の叙述にその根拠を求めている。「ポーランドの国境は、ドナウ川河畔、ストリゴニェンの町と境を接している。次いで、アグリエンスに到り、ティシアと呼ばれる川に達し、ケプラと呼ばれる川に沿って向きを変え、ガリア人の町に到る。その地においてハンガリア人、ルテニ人、ポーランド人の国境が接していた」（MPH. t. 1. s. 505）。しかしながら、グルジンスキは、この『ハンガリア・ポーランド年代記』の記述自体に批判的検討がなされるべきだとしている。[*9] マレチンスキは、スロヴァキアと呼ばれている、カルパチア山脈を越えた地域までポーランドの領土に加えられたとみている。

（9）「反抗するサクソニア人」という表現については、『聖スタニスワフ小伝』にも『ヴィンセンティの年代記』にも同様の表現が見られる。まず『小伝』においては、「大いなる力によって反抗するサクソニア人を征服した」[*10] Ipse Saxones indomitos manu potenti edomuit.。ヴィンセンティにおいては、「反抗するサクソニア人にいたるまで征服した」[*11] Saxones indomitos adeo indomuit.

この箇所からも『匿名のガル年代記』→『ヴィンセンティの年代記』→『聖スタニスワフ伝』にいたる継承関係が推定されている。

（10）十四世紀の前半、カジミエシ大王の時代に編集された、いわゆるマウォポルスキ年報のうち『トラスキ年報』、『マウォポルスキ年報』、また同じく十四世紀初頭に編集された『クラクフ年報』にも、ほぼ同様の叙述が残されている。もちろん『ヴィンセンティの年代記』、『聖スタニスワフ小伝』も同様に『匿名のガル年代記』の叙述を踏襲している。「フロブリと呼ばれるボレスワフ・マグヌスは九六七年に生まれた。ボヘミアとハンガリアを征服し、サクソニア人を討ち、ソラブ（サン）川に鉄柱を打ち込み、ポーランドの国境とした」[*12]。しかしながら、これらの史実についてもグルジンスキは確たる信憑性はないと述べている。[*13]

（11）マレチンスキはこの箇所の典拠として、『旧約聖書』のダニエル書、ヨブ記、詩篇、イザヤ書、『新約聖書』のマタイ伝の文章を挙げている。ダニエル書第七章七節において「その残餘をば足にて蹈つけたり」[*14] et reliqua pedibus suis conculcabat。ヨブ記第三九章十五節において「足にてその潰さるべきと野の獣のこれを踏むべきとを思わず」[*15] obliviscitur quod pes conculcet ea aut bestiae agri conterant.詩篇第七篇の五において「わが生命をつちにふみにじり」[*16] et conculcet in terra vitam meamイザヤ書第二八章三節において「酔るものなるエフライム人のほこりの冠は足にて践にじられん」[*17] pedibus conculcabitur corona superbiae ebriorum Ephraim.マタイ伝第七章六節においては「聖なる物を犬に與ふな、また眞珠を豚の前に投ぐな、恐くは足にて蹈みつけ」[*18] Nolite dare sanctum canibus, neque mittatis margaritas vestras ante porcos, ne forte conculcent eas pedibus suis.

（12）マレチンスキは、ボレスワフの異教の民との戦を当代の資料によって立証することはできないとしている。グルジンスキも、この箇所は年代記者自身の見解を表明するための一つの修辞であり、何らの具体性もないとしている。[*19]

（13）ここに挙げられているセレンチアは、年代記者がすでに第一巻の序文で言及している地域名であるが、この地域がポーランド周辺地域のどこであるかについては今日まで定説がない。西スラブ族の一小部族ポワブ族の住む地域（W・ケンチンスキ、J・フィヤウェク）、ルブシ地方（A・マウェツキ、T・ティツ）、ポモージェ地方に住む西スラブ族の地域、たとえばヴィエレッツィ族の地域（R・グロデッキ、K・ブチャク、P・ダヴィド）等。全体としてプレジィアも言うように、ポモージェ地方の西に居住する西スラブ族の領域を指すと考えられている。

ところで、本文で述べているようなポモージェ地方に対するボレスワフ・フロブリの征服とその地方のキリスト教化の事績については、グルジンスキは一つの虚構であると断定している。グルジンスキは、すでに十世紀の七〇年代よりミェシコ一世の征服事業によってポモージェ地方はポーランドの版図の中に入っており、ボレスワフがポモージェ地方をあらためて武力で征服したということは考えられないと述べている。さらにポモージェ地方へのキリスト教布教については、一〇〇〇年のコウォブジェグへの司教座設置とその司教として赴任したラインベルンの活動を暗示しているとの解釈を示している。さらにグルジンスキは、このポモージェ教化は極めて底の浅いものであったので、まもなくして勃発した異教徒の反乱によってミェシコ以来のポモージェ経営は全て水泡に帰してしまったと述べている。プルシア（プロシア）に関する叙述についてもグルジンスキは資料的根拠がないと述べている。「聖ヴォイチェフのプロシア布教はボレスワフの保護の下に行われたのではあったが、そこに入ること自体広大な森と沼地によって著しく困難であり、また中世前期のポーランド王国においてつねに封建的領土拡張の軌道の外にあったこのプロシアにボレスワフが強い関心を持っていたとは大変考えにくいことである。我々としてはこの叙述の中に、伝承の中に保存されてきた事実に関する知識を見るのではなく、司教ヴォイチェフのプロシア布教についての年代記者自身の考え方の表明を見なければならない」。（ibid.）

(14) グルジンスキは端的にこの記述は一〇〇〇年のコウォブジェクの司教座設置を指すものだとしている。また「法王がボレスワフを通して大きな教会を建て、司教座を設けた」という叙述に対して、G・ラブーダは、これは年代記作者がグレゴリウス改革の陣営に立っていたことの証左であるとしている。それに対してグルジンスキは、「法王の了解のもとに(ボレスワフが)……」の記述に重きを置いて、ここは教会建設における世俗君主の決定的に重要な役割を主張しているとみる。*20

第六章で描かれているボレスワフ像の主な特徴を整理すればほぼ次のようであろう。第一に注目すべき点は、ボレスワフの誕生を、『ウルガータ聖書』ルカ伝のメシアの到来を示す語「朝の光」の訪れという言葉で表現していることである。

キリスト教社会の伝統の中では、やはり同じルカ伝にあるマリアの「マグニフィカート」と並んでこのザカリアの「ベネディクトゥス」はメシアの到来を告示する最も有名で荘厳な章句であると見なされていたのであるから、年代記作者がこの「朝の光」をボレスワフの誕生を意味する言葉としたことは極めて特徴的な事柄であったと思われる。この箇所はそれ故まさしくボレスワフの誕生は神の恩寵によるものだとする考え方を最も端的に示していると考えられるのである。

さらに注目すべき点は、ボレスワフが周囲の国々を次々と征服し、ポーランドの勢力を輝かしいものにしたと記されていることである。しかも周囲の国々をキリスト教国と非キリスト教国との二つのグループに分け、ボレスワフはまず周囲のキリスト教国に対しても優越した地位を占めたとされ、東欧におけるキリスト教国家としてのポーランドの優位性が力説されている。さらに周囲の異教の国々に対して、ボレスワフはキリスト教布教に極めて大きな熱意を示したとされている。「彼らが異教を信じて反抗したときには砕き、改宗した時にはその信仰を強めた」。ポーランドは東欧における異教徒改宗の根拠地であることが示されている。そして異教の地にボレスワフは「法王の了解のもと、否、法王がボレスワフを通じて大きな教会を建設した」と記されている。

ところで、この第六章末尾の文章をめぐって、二つの対立する解釈が存在している。G・ラブーダ、R・グロデツキの考え方においては、年代記作者の力点は「否」の語をはさんで、この文章の後半に置かれていると見て、年代記作者は異教の民への布教と教会建設の主体をローマ法王であると考えているとして、年代記作者をグレゴリウス改革の立場に立つものとする見解を打ち出している。[*21]

十一世紀後半、僧籍叙任権をめぐって争われた「聖・俗」両権をめぐる抗争は、西欧のキリスト教聖職者を法王グレゴリウスの推進する教会改革派と君主による教会支配を維持しようとする反グレゴリウス派との二つに分裂させるものであったが、ラブーダ、グロデツキは、グレゴリウス改革をめぐる思想的影響はすでにこの『匿名のガル年代記』の中に現われており、年代記作者はグレゴリウス改革の立場に立つ者であった、と主張するのである。

しかしながら、他方、その文章の前半にアクセントを置いて、ボレスワフこそが教会建設の主体であると年代記作者は述べている、と解する考え方も根強いものがあり、この解釈の上に立って

『匿名のガル年代記』は決してグレゴリウス改革の立場に立つものではないと主張する研究もなされている。*22

もちろん言うまでもなく、中世ポーランドの社会的・思想的特徴を把握し、ポーランド中世年代記の特質を析出する場合、この問題の確定は避けてはならない最重要なテーマであろう。しかしながら『匿名のガル年代記』のこの箇所の解釈だけから年代記作者の見地を引き出すことは、いささか安易な方法であろう。なによりもまずこの問題についての年代記の基本的トーンを確定しなければならないと思われるのである。そしてこの点からみて、第一巻第九章の叙述は一つの重要な論点を提示している。

「ボレスワフ王の軍隊の勢威はこのようなものであった。しかしそれに勝るとも劣らないものは、従順なる霊的徳性であった。なぜなら、司教たちをも、また自分の司祭たちをも大いなる敬意を払って遇し、彼らが傍らに立っている時には敢えて坐ろうとはしなかったからである。また彼らを『主』以外の呼び方では呼ばなかった(1)。また心からなる敬虔な態度で神を尊崇し、聖なる教会を高くし、教会を王にふさわしい贈り物で飾った(2)。その上ボレスワフは、大いなる正義の徳と著しい謙遜の徳を持っていた(3)。……

ああ、ボレスワフの分別、完徳は何と偉大なものであることか。裁きにおいては個人を分け隔てせず(4)、国民の統治には公正をもってし、教会の名誉と国の繁栄を極みに至らせたのである。ボレスワフがこの栄光と高位に至ったのは、ローマ人およびローマ帝国の勢威をその初期において作り出した正義と不偏不党の精神によってである（5）。全能の神は、ボレスワフが自分自身および人々に対して自分の誠意と公正を為した分だけボレスワフ王をこのような徳、このような勢威、このような勝利で飾ったのであり、彼の高潔と寛大が当然受けてしかるべき栄光、豊かな富、歓びがボレスワフに伴ったのである。」（第一巻第九章[*23]）

（1）グロデツキはこの箇所に次のような注釈をほどこしている。『ヴェルコポルスカ年代記』では、スラブ人の言葉でパン（主人）あるいはゴスポヂン gospodzin（主人）という言葉は「より大きな主人」major dominus を意味しており、他方神父クションツ ksiądz という言葉はさらに上位の身分を指し、侯プリンケプス princeps ないし王レックス rex の観念に近い身分という意味を持っている。おそらく我が年代記作者は神父の地位を公クシォンジェン książę の地位ドミヌス dominus として理解したのであろう」。このグロデツキの注釈を理解するには、A・ブリックナーの『ポーランド語語源辞典』の助けが必要となる。この辞典においてブリックナーは、クションツという言葉（今日では神父等聖職者を意味する）は、ポーランドにおいてはまだ十六世紀においても今日のように聖職者に対してだけでなく、世俗の君主の恒常的な敬称としても用いられた、と述べている。ブリックナーはその例として、リトワニア大公を挙げ、この言葉「クションツ ksiądz」はもとドイツ語系クニングス（ここから王 könig が出てくる）、リトワニア語クニ（ン）ガスから来た言葉であろうと推定している。このような語源学的な解釈を踏まえて、ブルックナーは、『匿名のガル年代記』の作者は聖職者をクシヨンツと考え、それにドミヌス（主人）というラテン語を訳し与えたと考える。こうしたブリックナーおよびグロデツキの説を前提とすれば、ポーランドでは聖職者は何らか世俗的にも公・侯の地位を越えるものと考えられていたこととなる。[*24]

（2）この「飾った」adornabatは、もとザモイスキ版では「崇拝した」adorabatとなっていたのであるが、後代の出版者が修正したとグロデツキは述べ、この修正はむしろ不必要な修正であったと考えている。グロデツキによれば、ここで問題になっているのは、一つの具体的な教会を飾ることではなく、制度としての教会に対して多くの贈り物を献げることによって敬意を示すことであった。[*25]マレチンスキはこの箇所の典拠として『ウルガータ聖書』中のマカベア書下、第九章十六節を挙げている。「先に汚し荒した聖なる神殿を高価な贈り物で飾り[*26]」templum etiam sanctum quod prius expoliaverat optimis donis ornaturum.

（3）この章で年代記作者はボレスワフの徳を三つ挙げている。教会への霊的従順obedientia spiritalis、正義iustitia、謙遜humilitas。そして作者はボレスワフの徳が全きものであると称揚している。分別discretio、完徳perfectio。その他の章で挙げられているボレスワフの徳はその他に鷹揚liberalitas、勇敢fortitud、敬虔pietas。これらの徳の内、教会への霊的従順obedientia spiritalis、敬虔pietasは宗教的な徳であり、後のトマス・アキナスの分類によれば、対神的な徳virtutes theologiaeにあたるものである。ここには、理想的なキリスト教的君主像が表現されているように思われる。なおトマス・アキナスにおける世俗的徳は枢要徳として四つが掲げられている（節制 temperantia、正義 iustitia、知慮 prudentia、剛毅 fortitud）。[*27]

（4）マレチンスキはこの箇所の典拠として、『旧約聖書』箴言、第二四章二三節を挙げている。「偏りて裁きするは善からず」[*28] Cognoscere personam in iudicio non est bonum.

（5）年代記作者は、ここにローマ建国時のローマ人の徳を想起している。従って作者にとって理想的な君主像はローマ的な徳とキリスト教的な徳との結合の中にあったかのようである。こうした君主像は中世において、典型的にはローマ帝国を復興させたカール大帝に求められたのであり、ボレスワフ像の一つの模範も力ールにあったことを窺わせる。ここにポーランドにおけるラテン的伝統とキリスト教的伝統との一つの結合の発端をみることができるかもしれない。（ポーランドにおけるカール大帝崇拝の伝統については、拙稿「一〇〇〇年のグニェズノにおけるオットー三世とボレスワフ・フロブリの会見について」、岡山大学『法学会雑誌』第三六巻二号、一九八六年を参照のこと。）

この九章では、ボレスワフは聖俗両域にわたる徳を身につけたキリスト教君主の理想像として描かれている。十三世紀のトマス・アキナスにおいて言われている、いわゆる倫理徳の徳目をほぼ満たし、その上で対神的徳をも兼ね備えた君主であると言ってもよいであろう。

しかしながら、この九章においてはボレスワフの教会に対する態度を見る上で注目すべき言及がなされている。本文に「彼ら（聖職者）に対して『主』Dominus 以外の名では呼ばなかった」とある箇所に対して、グロデツキは世俗的なレベルにおける、ボレスワフの教会への従属を示すものだという理解を提出している（注釈（1）を参照）。この点は、先に見たように、グロデツキが年代記者をグレゴリウス改革の陣営に立っているものとした考え方と対応しているように思われる。

しかしながら、この「ドミヌス」なる話が登場する第九章の文脈に即してみると、ここはボレスワフの教会に対する霊的な態度を問題にしている箇所であり、世俗的な関係を問うている所ではないように思われる。従って、この「主」という言葉も聖職者に対する一般的な敬称に止まるとする理解も十分にありうることである。

しかしながらグロデツキは以上述べた見解をただ言語学的な考察に基づいて主張しているわけではない。『匿名のガル年代記』第一巻の序言の一箇所をもって自分の考え方を補強しているのである。今その箇所を挙げれば次のようである。

「あなたがたがこれらの事績を眼の前にしていることを考えると、神の恩寵のもと、天の賜物によって他ならぬ君主達を支配している人々の名をまず冒頭に掲げるべきでありましょう。[*29]」Dignum est enim, ut rerum etiam gestis institerant praenotari, quos divina gratia facit donis carismatum ipsis principibus principariここで問題となる「神の恩寵のもと、天の賜物によって他ならぬ君主達を支配している人々」とは、この年代記の序文の冒頭に記されている五人の聖職者達のことである。ここからグロデツキは、聖職者は世俗の君主をも支配する権限を持っているとする見地に年代記作者が立っていると結論づけるのである。[*30]

しかしながらこの文章の解読に関しても一つの問題が残されている。ここで「支配する」と訳されている「プリンキパーリ」principariは、M・プレジィァの『ラテン・ポーランド語辞典』には、教会用語として「優位する」の語義が与えられており、必ずしも政治的意味における「支配」の語義だけに限定されてはいないのである。*31

さらにグロデツキの議論にはより根本的な問題が残されている。そもそも「グレゴリウス改革派」とはいかなる思想的・理論的立場なのか、グレゴリウス改革と聖・俗両権の関係をめぐる議論とはどのような関係にあるのか、必ずしも明確にはされていないのである。

もちろん、この問題に十分な説明を与えることは本稿の課題を越えるものであるけれども、当面の議論を整理するために最小限の要点を提示しておくこととしよう。

そもそも西欧キリスト教社会においては、キリスト教が国教となって以来、皇帝（王）の世俗権力と法王の教会権力との関係設定は一貫した基本的テーマとなったのであるけれども、その理論的原型を提出したのは、五世紀末に法王となったゲラシウス一世であった。今その骨格を示せば次のようである。（ゲラシウス理論については基本的に、A. J. Carlyle, A History of Medieval Political Theory in the West, London 1903 t. 1. s. 184-193. 参照。）

第一に、この世界は法王の権威と帝（王）権によって完全に支配されている。第二に、各々の支配権は互に独立している。第三に、これらの支配権は各々直接に神から受けている。従って霊的な領域においては、帝（王）は教会の子であり、他方政治的な領域においては、法王は帝（王）に従属している。第四に両者互いに協力してこの世に神の業を実現するのに力を尽す。

以上がいわゆるゲラシウス理論の大要であるが、ここにおいては皇帝の権力と法王の権威のどちらが優位するかについては明示されてはいない。確かに帝権はポテスタス potestas と呼ばれ、法王の権威はアウクトリータス auctoritasと言われ、このアウクトリータスの方がより大きな荷を負うものであるとされて、法王の地位の優位性への自覚が内包されてはいるけれども、いまだ明示的に記されてはいない。

このゲラシウス理論からみて、今問題となっているグレゴリウス改革派の特徴を概観してみると、ほぼ次のように言うことができるであろう。すなわちグレゴリウス改革派の聖俗両権力の関係についての考え方は基本的にはゲラシウス理論の上に立っているということである。ただ、ゲラシウスでは潜在的であったものが顕在化していることは大きな特徴であろう。今や法王の権威の皇帝の権力に対する優位性が強調されるに到る。その「聖」性において法王の権威は皇帝の権力に勝るのである。しかしその場合でも、両者の関係は霊が肉に優位しているという意味でのそれであって明確に政治的な従属関係にあるものと解することはできないのである。聖なる権威は聖なるが故にこの世に直接に政治的に係わるものではなかったのであり、法王の皇帝権力への干渉は極めて限定的間接的なものであった。その意味においてゲラシウス理論は、なおグレゴリウス改革派の理論的外枠をなしていたのである。

グレゴリウス改革派に特徴的なことはむしろ教会の自由の追求であったのであり、世俗権力による教会支配を排除することにその中心的課題はあったと見なされるべきであろう。聖職者叙任における教会の主導権の確立、聖職者の世俗的司法権からの免除、教会財産の不可侵、皇帝に対する教皇庁の独立がその主な課題であった。その意味において、グレゴリウス改革の立場に立つか否かは、すぐれて教会の自由をめぐる問題であった。それでは、その点から見て『匿名のガル年代記』はいかなる見地に立つものであったのか。

この年代記第一巻第十一章は、この点に関する一つの重要な記述を残している。

「それゆえボレスワフ王は神を崇拝することにおいても、教会建設においても、司教座の設置においても、僧禄の授与においても（1）、大変な熱意を示したので、彼の時代においてポーランドには二つの大司教座とそれに従属する司教座があった（2）。とりわけそれらに対しては、あらゆる事を通じてあらゆる事柄においてボレスワフは好意と服従の心を示したので、もしたまたま諸侯達の誰かが修道士あるいは司教と訴訟をはじめた時、あるいは侯が教会財産の何かを横領した時には、王は自らすべての者に沈黙を命じて保護者、擁護者として司教と教会の問題に立ち入り（彼らを）保護したのである（3）。他方で周辺の野蛮な異教の住民を征服するたびに（4）、ボレスワフは財宝の貢納によって支配を強制するのでなく（5）、真の信仰を受け入れることを強制した。さらに自分の費用でそこに教会を建て（6）、不信仰の者達の間に、司教と修道士を、また壮麗に、かつ教会の規則に従って彼らに必要なものすべてを取り揃えて置いた。かくしてボレスワフ王はこのような徳、すなわち正義、公平、神に対する畏敬、そして言うまでもなく神への愛において際立っていた（7）。そしてこのような思慮分別によって、王国と公けの事を治めた（8）。というのは、まことに多くの徳と高潔によってボレスワフは、遙かな地まで広く知られるに至ったのであるが、とりわけ三つの徳、正義、公平、敬虔において偉大さの極みに至ったからである。正義において、というのは、身分、地位に関係なく裁きに出される訴えを解決したからである（9）。公正というのは、諸侯をも人民をも思慮分別をもって深く愛したからである。敬虔というのは、キリストとその花嫁をあらゆる方法によって尊崇したからである（10）。そして正義を行い、あらゆる人々を平等に愛し、母なる教会と聖職者を高くしたので、母なる聖教会の懇願と高位の聖職者の仲介によって神は栄光の中で彼の角を高くしたからである（11）。そしてすべての事柄において彼は常に成功と順風の中にあった。ボレスワフは神に関する事柄においてこれ程までに敬神的であったので、さらに人の世の事柄においても彼の名誉は大きくなったのである。」（第一巻第十一章）[*32]

（1）プレジィアは、このベネフィキウム beneficium を何らかの職の俸給、特に教会における聖職の俸禄を指すものとしている。この記述からすると、ボレスワフは当時の教会を自らの財源で賄っていたこととなる。[*33]

（2）当時のポーランドには大司教座は基本的には唯一つグニェズノにしか存在しなかったことは歴史的に確認ずみのことであるけれども、ポーランドの諸々の年代記、とくにポーランド・ルネサンスの代表的作品、ドゥウゴーシの年代記は、二つの大司教座が存在していたとする見地に立っている。ドゥウゴーシにおいては、九六六年ミェシコがキリスト教に改宗した時にすでに二つの大司教座がクラクフとグニェズノに置かれた、となっている。[*34] もっとも、十一世紀の中葉、グニェズノが灰燼に帰した時、一時的にクラクフに大司教座が置かれたことがあった。[*35]

グロデツキは、この二つの大司教座の存在に関する年代記の叙述について次のように述べている。すなわち、この記述はグニェズノの他にクラクフに大司教座があったという、かつての伝承と結びつけて解釈されてきたが、近年の研究によればこの叙述は一〇〇〇年前後の状況を反映させたものであり、グニェズノとは別の大司教座とは、グニェズノ大司教座からも、またドイツのマグデブルグ大司教座からも独立しているポズナニ司教の座を指すものである、とされる。[*36]

しかしそれに対してプレジィアは次のような見解を対置している。「この記述を年代記者の誤りとして片づけてしまうのは慎重なやり方ではないであろう。むしろ、ガル（年代記作者）は布教専任の大司教クフェルトの聖ブルーノのポーランド滞在（一〇〇四～一〇〇九年）の事実を知って、そこから自分の裁量でポーランドの二つの大司教座の存在を推定したと考える方がより自然であろう」[*37]。

（3）マレチンスキはこの箇所の典拠として『新約聖書』使徒行伝、第十三章十六節を挙げている。「パウロ起ちて手を搖していふ」[*38] Paulus et manu silentium indicens.

（4）マレチンスキはこの箇所の典拠として『旧約聖書』エゼキエル書、第五章七節を挙げている。「汝等はその周囲の異邦人よりも甚だしく噪たち」（ただし、訳は『ウルガータ聖書』に忠実でない。

直訳すれば「汝らは、周囲の民を凌駕し討ち破る」となる）[39] Superastis gentes quae in circuitu vestro sunt.

（5）マレチンスキはこの箇所を一一二一年のボレスワフ・クシヴォウスティによるポモージェ占領とキリスト教改宗、貢納賦課の事実を示唆した文章であるとみている。

（6）ボレスワフの教会建設については、ザグジェフスキは、ポズナニ近郊のオストルフ、クラクフのバベル城内のカテドラル、ポズナニ、グニェズノのカテドラル、ウェンツィッツァの修道院、クラクフ近郊のティニエツのベネディクト派の修道院、クラクフ、あるいはグニェズノの女子修道院を挙げている。[40]

（7）マレチンスキはこの箇所の典拠として『新約聖書』テモテ書後書、第一章七節を挙げている。「そは神の我らに賜ひたるは、臆する霊にあらず、能力と愛と謹慎との霊なればなり」[41] non enim dedit nobis Deus spiritum timoris sed virtutis et dilectionis et sobrietatis。しかしここで言われている「恐れ」timorとは、むしろ「神に対する恐れ、畏怖」というポジティヴなものであり、「正義」iustitia、「公正」equitas、「分別」dilectioと並び挙げられている徳の一つである。従ってここでの「恐れ」は、やはり「主を畏るるは知恵のはじめなり」initium sapientiae timor Domini.（詩篇第百十一篇十）における「畏れ」であろう。

（8）ここに「公けの事」と訳した「レス・プブリカ」res publicaという言葉がポーランド文献史上はじめて登場してくる。この「レス・プブリカ」をここで「国家」「国」と訳すべきかどうか、この部分だけからは判断しがたい事柄である。しかしながら、重要な点は、王国と並んで国家＝レス・

プブリカが挙げられていることであり、レス・プブリカが王政と矛盾する語義ではないことが示されている。ここから、ポーランドでは、ポーランド共和国＝ポーランド王国の伝統が始まった、と考えることもできる。

(9) マレチンスキはこの箇所の典拠として、第九章の注（4）で挙げたのと同じ典拠を挙げている。

(10) キリストの花嫁とは教会用語でキリスト教会を指す。

(11) マレチンスキはこの箇所の典拠として詩篇八十八篇二五節を挙げている。「わが名によりてその角は高くあげられん」[*42] in nomine meo exaltabitur cornu eius.

さて、この十一章では、ボレスワフは自らの費用で教会を建設し、聖職者にベネフィキウムを与え、世俗権力と教会との裁判上の対立に介入し、世俗権力による教会財産の横領に対しては教会の保護者として登場している。それゆえ、ここではボレスワフはポーランドにおける教会問題の裁定者として教会よりも上位の地位を占めている者として描かれている。その上、年代記作者はこうしたボレスワフの行為を、敬虔な、敬神的な徳行として賛美しているのである。これは正しく先に述べた、教会の自由を主張するグレゴリウス改革の立場とは逆のものであろう。それでは年代記作者は反グレゴリウス改革の立場に立つものと考えていいのであろうか。

この年代記が書かれた十二世紀初頭の時代は、すでに西欧においてはグレゴリウス改革が始動して半世紀を経ている時代であり、教会の自由をめぐる闘争は、いわば最終局面を迎えていた。教会の自由の主張は今や最も議論沸騰するイッシューであった。西欧出身（フランスかイタリアか）のベネディクト派の修道僧と考えられているこの年代記の作者にとっても、グレゴリウス改革の思想は無縁なものではなかったはずである。しかしながら西欧の辺境の地ポーランドの事態は西欧のそれとは同一のものではなかった。そこでは教会はいまだ世俗の君主の支配下にあった。ポーランドのキリスト教改宗それ自体まだ日が浅く、常に異教の民と接し、ロシアのギリシヤ正教と教線拡大を争う地ポーランドにおいては、キリスト教のさらなる拡大は世俗権力の支持なしには考えられなかったはずである。また年代記作者に与えられた年代記執筆の動機はピァスト朝の権力の正統性の強調にあったから、ボレスワフの功績を賛美することは年代記作者にとってむしろ当然の義務ですらあった。ここに年代記作者の立場は極めて微妙なバランスの上に立つことになったと思われる。一方ではポーランドの現実の追認と賛美、他方では西欧社会において自明となっていた理念の表明。こうした視点から考えれば、第一巻第六章末尾の文章はまさしく年代記作者の矛盾した立場そのものの反映と見るべきではなかろうか。「（ボレスワフは）法王の了解のもとに、否、法王がボレスワフを通じて大きな教会を建て、司教座を設けたのである」。

第2節『ヴィンセンティの年代記』のボレスワフ像

『匿名のガル年代記』が書かれてからほぼ百年後、西欧では法王インノケンチウス三世の下、法王権力が絶頂期にあった時代に『ヴィンセンティの年代記』は書かれたのであるが、この年代記に描かれるボレスワフ像はどのような地平に立っているのであろうか。今、この年代記の第二巻第十章を訳出すれば次のようである。

「次いで、かくも高貴な幹からいっそう生き生きとした一つの若枝が、いっそう豊かに繁った若枝が、すなわちメスコの息子ボレスワフが生まれた。彼は今なおか弱い信仰の初穂を、いまなおお揺籃の中で泣いている教会をかくも優しく抱擁し、大人の持つ繊細さで温め、二つの大司教座を置き、その二つにしかるべき副司教区を委ね、司教区の違いを明確な境界によって明らかにした（1）。ところで、君主における真実の信仰程明るい光で輝くものはない。また真実の宗教程没落しにくいものはない（2）。そこで、ボレスワフは敬神の極みへの道を歩み、聖なる父でもあり、守護者でもある福者アダルベルトがボヘミア人によって絶えず不正を加えられていた時、心から彼を受け入れた（3）。そして敬意を払い、大いなる熱情をもってアダルベルトを崇拝した。聖人は彼に多くのことを手短かに語る。

『自らを法に拘束された君主と公言することは、王として支配する者の威厳にふさわしい声である。まさしく君主の権威は法の権威に依存している（4）。しかし他方、神法は人の法に優越している（5）。というのは、主なる神の法は申し分のないものであり、汚れなき法であり、魂を帰依させるものであるから。それゆえ、息子よ、お前がなすところのすべての事の模範を神の正義の鏡から借りなさい（6）。なぜならば、あらゆる君主の権力を教会の法の下に置くことはすべての命令権より重要な事柄であるから（7）』。

この忠実な聴き手は真実の知の模範を（キリストの）心の聖所に置き、自分もまた自分の配下の者も宗教の床机の下に置き（8）、自分についてのすべての評価を追従者からでなく、宗教的に敬虔なる者から引き出した（9）。軽率の故に非難されないように、どのような無分別も自分に近づくことがないように、賢人達の思慮深い忠告に喜んで身をまかせた。というのは、最高評議院に十二人の人物を選び（10）、その聖なる胸から絶えず乳を吸い、あたかも神の泉のように彼らの心からあらゆる種類の有徳の芽を引き出した。……彼は自分の災難よりもまず他人の災難を防ぐ程、他人の不幸に心から同情を寄せ、虐げられた人々の問題については裁き人としてではなく、擁護者として登場した。しかしながら、もし彼が公正な判決より厳しく他の人に振舞うならば、謙虚な嘆願という仲介が彼を宥めた。また同様に峻烈になった時には、妻の抱擁によって穏かとなり柔和となった（11）。これ以上何を言う必要があろうか。自然の友となり（12）、徳に一致し、誠実と調和するもので彼に欠けているものはなかった」。（第二巻第十章）[*43]（『ヴィンセンティの年代記』の注釈については、主としてB・キュルビスの『マギステル・ヴィンセンティのポーランド年代記』を用いた。）

（1）ヴィンセンティは『匿名のガル年代記』の記述を踏襲して二つの大司教座の存在に言及しているが、それについての立入った記述は残していない。十三世紀末から十四世紀初頭にかけて書かれた『ヴェルコポルスカ年代記』は、ボレスワフの建てた教会として、六つの大聖堂（ポズナニ、グニェズノ、プウォツク、クラクフ、ヴロツワフ、ルブシ）を挙げている。今日までの歴史研究が確認しているところでは、ボレスワフが建てたのは、ただ一つのグニェズノ大司教座とクラクフ、ヴロツワフ、コウォブジェグの三つの司教座である。ポズナニ司教座はすでにミェシコの改宗の時点から設けられており、プウォツク司教座はほぼ一〇七五年ごろに、ルブシ司教座は一一二四年に、クヤーヴィの司教座はおそらくクルシヴィツァにミェシコ二世の時代に設けられたとされている。[*44]

（2）この箇所は一言一句に至るまで、ユスティニアヌスの『勅法彙纂』と同一である。「君主における真実の信仰程明るい光で輝くものはない。また真実の宗教程没落しにくいものはない」。[*45]

ところでユスティニアヌスの『勅法彙纂』のこの箇所の直前には次のような文章が置かれている。「それゆえ聖書に書かれている事があなたがたの中で実現することは明らかである。すなわち『我に由りて王者は政をなし、君たるものは義しき律をたて』」。[*46]

それゆえ、ヴィンセンティがここで引用した文章はただちにこの『旧約聖書』箴言第八章十五節を想起させるものであったはずである。「我に由りて王者は政をなし、君たる者は義しき律を立て」。ここには、神によって現世の君主は政治をなし、神によって正義の法は立てられるとする見解が表明されている。従ってヴィンセンティにとって政治はまず神聖なものであったし、君主は神聖な信仰の人でなければならなかった。

（3）聖アダルベルトとは、十世紀末プルシアの地で殉教した聖ヴォイチェフのことを指す。九五六年チェコの大貴族の子として生まれ、九九三年プラハ司教の職に就く。しかし当地の聖俗諸侯の対立抗争に巻き込まれ、プラハを追われてローマに赴く。ローマのボニファチウス修道院での修業の後、九九六年ポーランド布教に赴き、翌年ボレスワフの援助の下にプルシア布教に入るが、その地で殉教の死を遂げる。（アダルベルトの生涯については、前掲の拙稿「一〇〇〇年のグニェズノにおけるオットー三世とボレスラフ・フロブリの会見について」、一一五ページ参照。）

聖アダルベルトの言葉は直接的な形では何も残されていないので、この箇所はヴィンセンティの創作であると思われる。ヴィンセンティはこのアダルベルトの口を借りて自分の思想を表明しているのである。

（4）この箇所は、一言一句、ユスティニアヌスの『勅法彙纂』（一、一四、四）の語句と同一である。「自らを法に拘束された君主と公言することは、王として支配する者の威厳にふさわしい声である」[*47] Digna vox maiestate regnantis legibus alligatum se principem profiteri, adeo de auctoritate iuris nostra pendet auctoritas. ところで、十二世紀のルネサンスの代表的思想家ジョン・オブ・ソルズベリ（一一一〇?～一一八〇年）もまたこの箇所を一言一句、同一の文字をもって自著『ポリクラティクス』の中で引用している。[*48]

（5）キュルビスはこの箇所の典拠として、ジョン・オブ・ソルズベリの『ポリクラティクス』第四巻七章の文章を挙げている。「もし君主の命令が教会の訓戒に一致しないならば、それは無用のものである」[*49]。et inutilis est constitutio principis, sinon est ecclesiasticae disciplinae conformis.

さらに『ポリクラティクス』の本文ではその箇所の直前に次のような文章が置かれている。「法が下したあらゆる判定も、もしそれが神の法の似姿を持たないならば、無効である」Omnium legum inanis est censura, si non divinae legis imaginem gerat.[*50]

（6）君主の依るべき模範を神の正義の鏡から借りる、というこの考え方もジョン・オブ・ソルズベリの考え方に似ている。ジョンは『旧約聖書』申命記第七章十九節を引用する。「世に生存ふる日の間つねにこれを己の許に置て誦み、斯くしてその神エホバを畏る、ことを学び、この律法の一切の言葉と是等の法度を守りて行ふべし」[*51] et habebit secum legetque illud omnibus diebus vitae suae ut discat timere Dominum Deum suum et custodire verba et caerimonias eius quae lege praecepta sunt.

その上でジョンは言う。「『世に生存ふる日の間つねにこれを己の許に置きて誦め』と書き加えられている。神の法を守ることに君主がいかに熱心であるべきかを考えよ」Adicitur ; Et habebit secum, legetque illud omnibus diebus vitae suae. Attende quanta debeat esse diligentia principis in lege Domini custodienda, (Policraticus, s. 253.)

ジョンにおいて、君主が守らねばならぬ法とはまずなによりもまさしく申命記の神の法なのであった。またジョンは次のようにもいう。「一般的に言えば、君主は公的権力であり、この地における神の威厳の似姿である」ut eum pleriqne diffiniunt, princeps potestas publica et in terris quaedam divinae maiestatis imago. (Policraticus, s. 236.)

（7）この箇所の典拠はユスティニアヌスの『勅法彙纂』であり、またジョン・オブ・ソルズベリの

『ポリクラティクス』にも引用されているものである。「実際、君主の統治を法の下に置くことは命令権（インペリウム）よりも重要なことである。[*52]」et revera maius imperio est, summittere legibus principatum.

しかしながらジョンと『勅法彙纂』の文章は、全く同一であるが、ヴィンセンティのそれとは一箇所異なった部分がある。ジョンにおいては単に「君主の権力を法の下に置く」となっているのに対して、ヴィンセンティでは「すべての君主の権力を教会の法の下に置く」となっており、ここに重大な追加を行っている。ここにヴィンセンティとジョンとの思想的径庭を見るべきであろう。

（8）A・ビエロフスキはこの箇所を『ティトマールの年代記』第六巻九二節［五六節］と比較せよ、と注記している。その箇所でティトマールはボレスワフが法王庁に貢納を納める義務を負っていたと記している。

従ってもしティトマールの指摘する事が事実であり、しかもそれが封建的臣従を表現するものであるとすれば、ヴィンセンティのこの叙述は法王とボレスワフとの世俗的レベルでの臣従関係を示唆していることになるであろう。しかしながら、ポーランド公の法王に払う貢納が封建的臣従関係の上に立つものであるかどうかについては今日まで見解の分れるところである。[*53] 彼はポーランド公がペトロ献金を法王庁に納めていたとしつつも、それはポーランドの封建的従属を意味しないとしている。[*54]

（9）追従者に対する非難もまたジョン・オブ・ソルズベリが力説するところである。「追従者はあらゆる徳の敵である」Adulator enim omnis virtutis inimicus est.（Policraticus, s. 177.）
（10）この箇所も、君主を補佐する元老院を設け、それを身体にたとえて、君主を頭とし、元老院を心臓に当たるとするジョン・オブ・ソルズベリの議論と酷似している。（Ibid., s. 283.）
（11）ボレスワフの慈悲、農民に対する配慮、妻の執り成しについての記述は、すべて『匿名のガル年代記』の第一巻九章、十二章、十三章、十五章に具体的な記述が存在している。
（12）ビエロフスキはこの箇所の典拠として、キケロの『国家について』の第一巻第十七章の一文章を挙げている。「実際、自然が要求する何物をも欠けていない人よりも豊かな人を考えることができようか」。quis vero divitiorem quemquam putet quam eum, cui nihil desit, quod quidem natura desideret 正義と公正、慈悲、適正な温良、敬神の徳を身につけた人はヴィンセンティにおいて「自然の友」と呼ばれるのである。[*55]

ヴィンセンティのボレスワフ論はその他にも、ロシア遠征、一〇〇〇年のオットー三世との会見、ボヘミア出征等の記述が存在しているけれども、それらはほぼ『匿名のガル年代記』の内容を踏襲しているものである。しかし今紹介してきた箇所は、その思想内容において、『匿名のガル年代記』の立っている地平とは明確に異なった地点に立っているように思われる。

第3節　小　括

今までに紹介してきたことから明らかなように、ヴィンセンティの年代記のこの箇所には、ローマ法のユスティニアヌス法典、さらに、十二世紀ルネサンスの思想家ジョン・オブ・ソルズベリの影響がきわめて明瞭に現われている。君主の支配は君主の恣意で行われてはならず、法に基づくものでなければならないという観点がまず強調されている。ジョンは言う。「僭主と君主の間の単純な、そして主要な相違は、後者が法に従い法の命ずるところによって人民を支配し、自らを人民の僕とみなすという点にある」。(Policraticus, s. 235.)

ヴィンセンティは言う。「自らを法に拘束された君主と公言することは、王として支配する者の威厳にふさわしい声である。まさしく君主の権威は法の権威に依存している」。

その上で両者ともに、神の法は人の法に優り、君主は教会の下位に立つべきもの、教会に奉仕する存在であるとする見地に立っている。ジョンは言う。「この剣を君主は教会の手から受けとる。教会自身は全く血の剣を持っていないのではあるが。…教会は肉体的強制を可能とする権力を君主に与え、彼らの手によってこの剣を使用する。そして教会は聖職者の人格において霊的な事柄に対する権限を自らに留保している。それゆえ君主はいわば聖職者の権力の僕であり、諸々の聖なる務の中で僧の手にはふさわしからぬ側面を遂行する者である。というのは、聖なる法の下にある、また聖なる法の執行に関与しているすべての務は正しく宗教的な務であるが、犯罪を罰する務はそれより劣った務であるからである」。(Policraticus, s. 239.)

ヴィンセンティも「あらゆる君主の権力を教会の法の下に置く」べしと主張する。聖・俗両領域における相互の独立とそれぞれの領域での優越を認め合うというよりはむしろ、権威の神聖性において序列が求められるに至ったというべきであろう。神の法の神聖性、超越性はジョンもヴィンセンティもともに共有するところであった。それでは神の法の前には君主の存在は全く何の存在根拠をもたないものなのであろうか。

ジョンは次のように考える。まず国家（レス・プブリカ）における君主は人間の体の頭の部分に譬えられる。そして「生活の最良の案内者」である「自然」がそれ自身の小宇宙である人間のその全感覚を頭に集中させ、他のすべての体の部分を頭に服従するようにしたように、国家の構成員も、頭である君主に服従すべきものとされる。それが自然の命ずるところである、と。（Policraticus, s. 235.）

ヴィンセンティにおいても、正義と公平、敬神の徳を身につけた者は「自然の友」と呼ばれて「欠ける物のない人物」と言われるのである。

以上のようにヴィンセンティの思想的世界はほぼ同時代のイギリスの聖職者、ジョン・オブ・ソルズベリのそれとほぼ重なり合う地点に立っている。その意味においてグレゴリウス改革の依って立つ思想的境位は『匿名のガル年代記』から『ヴィンセンティの年代記』に到ってようやく達せられたといってもよいであろう。もちろん言うまでもなくヴィンセンティとジョン・オブ・ソルズベリとの間に全く相違する点が見られないということではない。ジョンにおいては慣習法への評価が低いのに対してヴィンセンティにおいては祖父伝来の慣習へのポジティヴな評価が存在している。

両国におけるキリスト教的伝統の深さの相違、国際的状況の相違もなにほどかこの問題に関与しているかもしれない。しかしこれらの問題については、改めて論じるべき事柄であろう。

第4章　聖スタニスワフ伝承

序

ヨーロッパの中心部で、神聖ローマ皇帝ハインリッヒ四世とローマ法王グレゴリウス七世とが、中世の世界秩序の根幹について、引くに引けぬ死闘を演じていた時、西欧の辺境の地ポーランドにおいて、一〇七九年クラクフ司教スタニスワフなる人物が、当時のポーランド国王ボレスワフ・シチョドゥリによって殺害される、という事件が起きた。[*1] しかし、この事件の真相については、今日まで確実なことはほとんどわかっていない。スタニスワフとはいかなる人物であるのか、いかなる原因により殺害されるに至ったのか、当時の資料は我々に何も伝えてはいないのである。しかしながら、死後一七〇年を経て、スタニスワフは突如、ポーランドの守護聖人として、法王インノケンチウス四世の手により聖人に列せられる。以後聖スタニスワフは、チェンストホーヴァにおけるヤースナ・グーラの「黒衣のマリア」と並んで、ポーランド・カトリシズムの、いやむしろさらに広くポーランドの民族的シンボルとしての地位を占めるにいたった。

それでは、いかなる意味において聖スタニスワフは、ポーランド民族のシンボルと考えられてきたのであろうか。十三世紀の中頃、スタニスワフ列聖の手続に関連して、はじめて二種の『聖スタニスワフ伝』Vita Sancti Stanislai（以下『大伝』Vita Maiorと『小伝』Vita Minorとする）が作成されたが、その『大伝』の一節において、スタニスワフとポーランド民族との関係は次のように描かれている。

「ボレスワフが殉教者の体を多くの部分に切り刻み、四方から吹きつける風の中に散乱させたように、神は、彼の王国を引き裂き、それを多くの君侯に支配させた。そして我々は、自らの罪の故に、この王国が分割され、蹂躪と略奪のめぐりめぐる輪の中を転々ところがり、荒廃の奈落に落ちていくことを知るのである。しかし、神の力により、司教であり、殉教者であった人の体が、傷痕もなく一つになったように、この聖人の印と奇跡によって、将来、聖人の功徳により、分割された王国はもとの地位に復し、公正と洞察にもとづく裁きにより、より強固となり、栄光と名誉によって、飾られるであろう。このように神は定めたもうた」（Vita Major, s. 391-2）。

スタニスワフの体がボレスワフ・シチョドゥリの剣によってばらばらに切り刻まれたことをポーランドの分裂・分散状態になぞらえ、スタニスワフの体が合体して元どおりの姿に復したことをポーランドの将来における統一の予言、とみるこの一節こそ、スタニスワフをポーランドの守護聖人とするスタニスワフ崇拝の核心を表現するものである。

しかしながら、このようなスタニスワフ崇拝は、彼の殺害時からただちに形成されたものではなかった。そもそもスタニスワフについての記述は、一二五三年の列聖にいたる一世紀半の期間、ほとんど空白といってよい程の状態にあった。わずかにクラクフの教会において書きつがれてきた諸種の年報の類いと、『匿名のガル年代記』の一節、さらに百年を経て、十二世紀と十三世紀の交に書かれた『ヴィンセンティの年代記』の一節に、若干の記述が見られるにすぎない。しかも、後述するように、『匿名のガル年代記』の記述と『ヴィンセンティの年代記』のそれとは、スタニスワフに対して対立した評価を下している。また、先に述べた、スタニスワフ列聖の手続の直後に作成された『大伝』『小伝』は、今日までの研究により、後世の、しかも多くは外国の諸種の聖人伝からの独特な借用によって作成されたもの、とされている。[*2]

このように、スタニスワフ崇拝の形成過程を文献史的に跡づけようとするには、資料は極めて貧しい状態にある、といわねばならない。しかしながら、より子細に見るならば、スタニスワフ崇拝の核心的部分ともいうべき、ボレスワフ・シチョドゥリ王との対立、彼による殺害、散乱した聖人の体の合体、に関する叙述は、後に見るように、すでに『ヴィンセンティの年代記』の中に登場している。あとは、この事件と奇跡の意味づけ、すなわち、ポーランドの分裂と統一の象徴としての意味づけだけが加えられるならば、スタニスワフ崇拝の核心的内容は与えられることになる。

それゆえ、本稿は、ひとまず国家の統合とスタニスワフ崇拝の関連に関する研究への基礎作業の一つとして、スタニスワフ崇拝の形成にいたるまでの道筋を、『ヴィンセンティの年代記』にいたるまでの諸文献作成の歴史の中に跡づけてみようとするものである。

第1節　クラクフ年報の記述

『匿名のガル年代記』以前に、スタニスワフについての記述を残しているものは、『クラクフ参事会年報』と呼ばれる文献である。この『クラクフ参事会年報』の成立事情については、諸説があり、今までのところ確定的な事は何も言えないが、少なくとも、十三世紀中葉に、他ならぬスタニスワフ列聖のための準備作業として、編集されたものであるとする点では多くの見解が一致している。その編集の元となっているオリジナルな資料は、第一に、一〇〇〇年にクラクフに司教座が置かれた時に作成された、復活祭用の暦表の余白への書き込みの記事であり、第二に、この復活祭暦表の継承として作成された、いわゆる『古参事会年報』とよばれる文献である。この『古参事会年報』は、少なくともカジミエシ・オドノヴィチェールの時代、すなわち一一世紀前半には、すでに作成されていたと、考えられており、復活祭暦表を基礎としつつ、フルダ、ライヘナウ、コルヴェイ等のドイツ教会によって作成されていた種々の年報からの抜粋、ならびに一〇〇〇年以降、確実なところでは、一〇一二年以降のポーランド国内の諸事件の記述を内容としている。ポーランドの諸教会において作成された諸々の年報を考察する時、この『古参事会年報』こそ、もっとも古い年報として、そこから多くの記述が書き写されていく源泉の地位に立つものであった。[*3]

例えば、十三世紀後半に編集された『クラクフ短報』もこの『古参事会年報』を元とし、それに、十三世紀までのポーランドの聖俗にわたる多くの記述を追加したものであり、十三世紀編集の『クラクフ参事会年報』の一部をなす、『クラクフ暦報』の記述も、この『古参事会年報』の古い記述を含んでいる、といわれている。

それでは、この『クラクフ参事会年報』、『クラクフ短報』、『クラクフ暦報』は、スタニスワフについて、いかなる記述を残しているのであろうか。以下、関連する部分を掲げてみる。

クラクフ参事会年報

一〇七一年「スラという名で呼ばれていたクラクフ司教ランベルトゥス没する。」

一〇七二年「スタニスラウス（クラクフ司教の地位を——筆者補）継承する。」

一〇七七年「聖スタニスラウスを殺害することになったボレスラフ二世、王冠を受ける。」

一〇七九年「クラクフ司教スタニスワフ、ルペル（岩山という名のクラクフのバベルの丘の近くの地名——筆者補）にある聖ミカエル教会の祭壇で殉教する。」

クラクフ短報

一〇七一年「ランペルトゥス崩ずる。聖スタニスラウス、この跡を継ぐ。」

一〇七八年「ボレスラウス二世、戴冠する。彼は聖スタニスラウスを殺害した。」

一〇七九年「福者スタニスラウス殉教する。」

クラクフ暦報「クラクフ司教聖スタニスラウス、殺害される」。

以上が年報の類いに記述されているスタニスワフ殺害についての記事のすべてである。しかも、『クラクフ参事会年報』の一〇七九年の記述は、すでにローペル以後の文献学研究において、一三世紀中葉に書かれた『聖スタニスワフ伝』からの抜粋であるとされ、さらに、同年報の一〇七七年の記述、『短報』の一〇七一年、一〇七八年の記述にある、「聖人Sanctus」という尊称も、後代の追加であると考えられている。従って、スタニスワフ殺害の当時の記述として推定されるものは、『クラクフ暦報』の「クラクフ司教スタニスラウスが殺害される。」という一文だけ、ということになる。ところが、この事件のほぼ三十年後、ポーランドの最古の年代記『匿名のガル年代

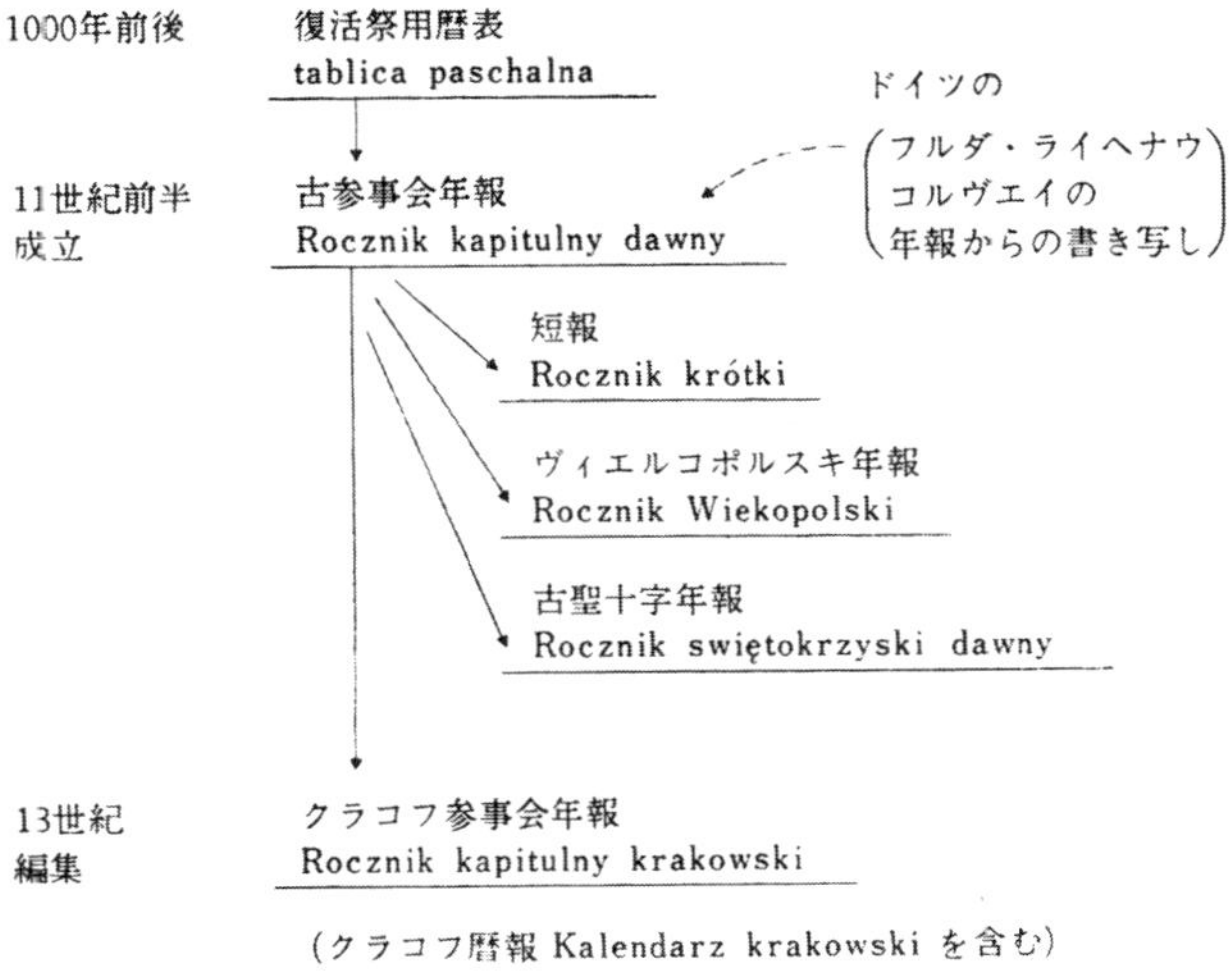

暦表の継承関係

記』において、スタニスワフ殺害に関して若干の説明と一つの評価が加えられることになる。

第2節 『匿名のガル年代記』の記述

まず始めに、『匿名のガル年代記』において、スタニスワフを殺害することになるポーランド王ボレスワフ・シチョドゥリ(=ボレスワフ二世)は、どのように描かれているのであろうか。『匿名のガル年代記』は、第一巻二二章から二七章までを、ボレスワフ・シチョドゥリの事績の叙述にあてている。その叙述の中から浮び上ってくるボレスワフ・シチョドゥリの像は、「王ボレスラフ二世は勇敢で屈強な騎士、客人に対して寛仁、贈物において物惜しみのない人物」(Koepke. s. 439.)というものであった。ボレスワフ・フロブリ(一世)の武勇に勝るとも劣らず、ロシアの王都キエフを陥し、チェコ人を伐ち、ポメラニア人を破る。しかし、この叙述において、年代記の作者は、手ばなしの賛美に終止しているわけではない。「ただ過大な野心と虚栄心が彼を追いたてた、ということを除けば、彼の功績は優に先祖のそれに匹敵した」(Koopke s. 439.)。

作者は、野心と虚栄心が彼をかりたてた例として、グラーデツの砦攻めにおける軽率な行為、ハンガリアに追放された時の、ハンガリア王ウワディスワフに対してとった傲慢な態度等をあげている。すでに年代記の作者は、人物像描写において、アンビヴァレントな視点に立っている、といえよう。それでは、スタニスワフ殺害そのものについては、いかなる叙述を残しているであろうか。

第一巻二七章における関連箇所は次のとおりである。

「どのようにしてボレスワフ王がポーランドから追放されたか、これについて物語るとすれば、長くなるであろう。しかし、これだけは語ってもよい、と思われる。塗油をうけた者が、塗油された別の者を、たとえこの者がいかなる罪を犯した、としても、肉体上の罰を下すべきではなかった。罪に対して罪をもってし、裏切りに対して四肢切断を敢えてした時、多くの者はボレスワフに同意しなかった。もちろん、司教の裏切りを弁解するつもりはないし、また醜く自己弁護する王に忠告するつもりはない。この問題は不問のままにしておこう。そしてハンガリアにこの王がどのようにして受け入れられたか、について語ることとしよう」（Koepke, s. 441）。

この『匿名のガル年代記』の叙述は、三つの柱からなっている。（一）スタニスワフ殺害は、塗油された者の間の犯罪であること。ボレスワフ・シチョドゥリは、聖職者スタニスワフと同様に、宗教的な儀式によって戴冠された王 rex であること。（二）塗油された者による、塗油された者に対する殺害は大罪であり、ボレスワフの意志に多くの者が同意しないという事態が引きおこされ、それが原因となってボレスワフのハンガリア追放が生じたこと。（三）司教スタニスワフもまた、裏切り者であること。

『匿名のガル年代記』の作者の態度は極めてアンビヴァレントである。「司教の裏切りを弁解するつもりはないし、また醜く自己弁護する王に忠告するつもりもない。この問題は不問のままにしておこう」。しかし『匿名のガル年代記』は、スタニスワフとボレスワフの対立の原因については、一切口を閉ざしている。

しかしながら、他ならぬ、この対立の原因について、従来から色々な解釈がほどこされてきた。ボレスワフとスタニスワフの対立は、教会のラテン典礼とスラブ典礼の使用をめぐる闘いであり、スタニスワフは古くから伝わるスラブ典礼の擁護者であった、とか、また聖職者妻帯（ニコライティズム）をめぐる見解の相違が両者の対立の原因であり、スタニスワフは、僧侶の独身主義に反対し、他方ボレスワフはグレゴリウス改革派の陣営に属し、クラクフ司教に聖職者妻帯の禁止を迫った、という解釈もされてきた。しかし、一九世紀末までは、スタニスワフは教会の自由の擁護者、ボレスワフは抑圧者・僭主的暴君として描かれ、カトリックの護教的立場と一致しつつ、『匿名のガル年代記』における「スタニスワフ＝裏切者」という解釈を否定する傾向が支配的となっていった。（スタニスワフがスラブ典礼維持の主張者であり、ボレスワフとスタニスワフの対立をラテン典礼とスラブ典礼の対立に求める見解については、ランツコロインスカの論文を参照。この見解においては、そもそもクラクフ地方には、十世紀の聖メトディのキリスト教布教以来、スラブ典礼の伝統が強く、ボレスワフ・フロブリの時代には、ラテン典礼に依るグニェズノ大司教座とならんで、スラブ典礼に依る大司教座が設けられた、とされ、クラクフには、ラテン典礼に依る司教座と並んでスラブ典礼に依る司教座が並置されていた、というのである。スタニスワフはこの伝統擁護者として立ち現われ、グレゴリウスの陣営に立つボレスワフ・シチョドゥリと対立した、と解されている)[*4]。

しかしながら、十九世紀末、二十世紀初頭、ガリチア(ポーランド南東部)の市民階級出身の歴史家タデウシ・ヴォイチェホフスキの研究(とりわけ『十一世紀の歴史的素描』)は、大胆に護教的な立場を打ち破り、実証的研究によって、はじめてこのスタニスワフ殺害に新しい光を投げかけた。彼の研究は、その後色々な批判に晒されたけれども、今日までの新しいスタニスワフ研究の礎石を置くものであった、といえよう。

ヴォイチェホフスキは、まず『匿名のガル年代記』一巻の上述した箇所の解明のために、次章第二八章の一つの叙述、すなわち、ボレスワフがハンガリーに亡命した時の様子を描いた箇所に注目する。

「ウワディスワフは、ボレスワフの到着を聞くと、一面では、友の来訪を喜ぶ。しかし他面、心の片隅に怒りをおぼえた。たしかに彼は兄弟でもあり、友人でもある人物の来訪を喜ぶのではあるが、ウワディスワフがそれによって敵になることを恐れるのである」(Koepke, s. 441)。

最初のウワディスワフは、当時のハンガリアの王ウワディスワフであり、最後の文章のウワディスワフは、ウワディスワフ・ヘルマン、すなわち、ボレスワフ・シチョドゥリの弟であり、ボレスワフの追放後ポーランドの支配者になった人物である。この文章からヴォイチェホフスキは、ボレスワフ追放の張本人は、このボレスワフの弟ウワディスワフ・ヘルマンではなかったか、という説を立てる。すなわち、弟による謀反、そして兄の追放というのが、ボレスワフ放逐の原因であった、と考える。そうした観点から、ヴォイチェホフスキは『匿名のガル年代記』の作者のアンビヴァレントな態度を説明する。すなわち、『匿名のガル年代記』の作者には、弟による兄の追放という非道な謀反をあからさまに批難することは許されなかった。なぜなら、『匿名のガル年代記』に課せられた課題は、ボレスワフ・クシヴォウスティの功績の宣揚であったが、他ならぬこのクシヴォウスティは、謀反の主ウワディスワフ・ヘルマンの嫡子であったからである。しかし、年代記の作者は、クシヴォウスティの伯父ボレスワフ・シチョドゥリ一人を罪ある者とはせず、司教スタニスワフを「裏切り者」とすることによって、一つの真理を書き残す勇気を持っていた、と評価するのである。(ポーランドの王位継承において、長子が王位を継ぐ権利を有するとする考え方が、どこまで確固とした制度観になっていたのか、は、今後研究されるべき事柄であろう。兄に対する弟の反乱を謀反、と評価することができるかどうか、は、この点に係わる。『匿名のガル年代記』第三巻のテーマは、兄(庶子)ズビグニェフよりも弟(嫡子)クシヴウスティに、王位につく権利があるとする主張の正統性を明らかにすることであった。父王ヘルマンは、臨終の際、臣下から、兄弟いずれがより優越した地位につくにふさわしいか、と尋ねられて、次のように答えている。「一方を他方の上に引き上げるとか、彼らに徳と知恵を与えるとかすることは、私に為しうることではなく、神の御力によることとである。……しかし私の死後、あなたがたすべてが一致協力して、国の守りや敵との戦いにおいて、より分別のある者に、より有徳なる者に忠誠を誓って欲しい」(Koepke, s. 448)。血縁的序列の原理と有徳者君主思想との相克をここにみることができるかもしれない。

では、はたしてヴォイチェホフスキの言うように、ボレスワフ・シチョドゥリは、スタニスワフをも味方に巻き込んだウワディスワフ・ヘルマンの陰謀・謀反によってハンガリアに追放されたのであろうか。スタニスワフ殺害は、この謀反への序幕として遂行された何らかのスタニスワフの反王的行動に対するボレスワフの対抗措置であったのであろうか。

ヴォイチェホフスキは、この問題を当時のヨーロッパの「国際的な」政治状況、就中ローマ法王と神聖ローマ皇帝とのいわゆる聖職者叙任権をめぐる闘争との関わりにおいて考察している。彼の描く「ヨーロッパ国際政治」の像を当時の種々の年代記を参照しつつ敷衍すれば、およそ次のようである。

『匿名のガル年代記』においては、ボレスワフ・シチョドゥリは、王rexと呼ばれている。しかもこの王は、「塗油を受けた者」と呼ばれているから、西欧中世社会における、正式の戴冠式を受けた王rexである。事実『匿名のガル年代記』においては一切言及されていないけれども、ボレスラフ・シチョドゥリは、一〇七六年のクリスマスに戴冠式をあげている。しかしながら、このボレスワフ・シチョドゥリの戴冠は、当時のヨーロッパにおいて極めて重大な意味をもつものであった。たとえばドイツの年代記作者ランベルトは、この戴冠を極めて衝撃的な事件として描いている。[*5]

「長い間、我がドイツの諸王の貢納者であったポーランド公、またその国が長らくドイツの諸侯の武勇によって征服され、一属州ともなったポーランド公は、我がドイツの諸侯達が国内問題で忙殺され、外国の諸民族との戦争に介入する余裕のないことをみると、突如として傲慢になり、王の権威ある位と王国の名を僭称し、王冠を横領し、クリスマスの日に一五人の司教達の手によって聖別された。祖国の権威がその思慮に懸かっている君主たちが、まもなくしてその事実を知った時、重苦しい気分に陥り、互いに激しくののしりあった。すなわち、内部で互いに憎みあい、荒れ狂い、激しく争っていた時、野蛮人の勢威と力を育ててしまい、ボヘミア公は三度も鉄と火で荒し回り、今やポーランド公までが、ドイツ王国の恥となるべく、法律と祖法に反して王国の名と王冠を厚かましくも手に入れた、と批難しあった」[*6]。

一〇七六年は、ドイツ王ハインリッヒ四世に対して、グレゴリウス七世が破門を宣告し、これをうけて反ハイリッヒ派のドイツ諸侯が対立王としてルドルフを王に選んだ年である。その年の冬は、ハインリッヒにとって皇帝権の存立を揺がしかねない危機的な時期であった。翌一〇七七年の一月、窮境を一気に打開すべく、冬のアルプス越えを敢行し、有名なカノッサの改悛を行う。グレゴリウスから許しの回状を受けとったことは、ハインリッヒの政治的立場を一転強固なものにする。五月には、ハインリッヒは、イタリアからドイツに帰り、まずルドルフをシュヴァーベンに攻め、チェコのウワディスワフ公を援軍に頼んで、八－九月にネッカーの河畔でルドルフ軍と対峙する。まさにその時期ポーランドのボレスワフ・シチョドゥリはハンガリアに侵入している。当時ハンガリアには二人の王が存在していた。兄王ソロモンはドイツ王ハインリッヒ四世の妹ユデットを娶り、それに対して甥ゲイザはポーランドのボレスワフの縁者であった。ゲイザによってすでに一〇七四年王都から追放されていたソロモンは、ドイツのハインリッヒを頼り、彼に臣従する。しかしゲイザが病に倒れ、一〇七七年四月に没すると、ソロモンは帰国して王位に即くことを企てる。しかし今述べたように、一〇七七年にポーランドのボレスワフが介入し、ゲイザの弟ウァデスワフを即位させる。この事実については、『匿名のガル年代記』も次のような叙述を残している。

「彼（ボレスワフ・シチョドゥリ）は自分の力によってハンガリアからソロモンを追放し、王座に、体躯長大にして敬虔の念に厚いウワディスワフを据えた」（Koepke, s. 441）。

さらにボレスワフ・シチョドゥリは同年七月にロシアの王位継承問題に介入し、かつて弟フショウッドに追放されたイジスワフに軍勢を与えている。このイジスワフは、ローマ法王の支持を受けるために、ロシアのカトリック化を法王に約し、この約束により法王はボレスラフに、イジスワフ支援を要請したのである。

翌一〇七八年は、さらにハインリッヒにとって最悪の情況であった。六月には、フランダース公、オランダ公、フランス王フィリップ、ハンガリア王ウァデスワフが反ハインリッヒ同盟を結成する。その上ドイツの最有力公オーストリアのレオポルドまでが反ハインリッヒの陣営に組し、レオポルドとハンガリアのウワディスワフとで、ハインリッヒの味方、チェコのウワディスワフを挾撃する構えをとった。その時のハインリッヒがとった窮境打開の策こそ、ハンガリアは、ウワディスワフに対して兄ソロモンを立たせ、ポーランドは、弟ウァディワフ・ヘルマンをボレスワフ・シチョドゥリに背かせることであった。かくて、一〇七九年、ハインリッヒは、ウワディスワフを追放し、ソロモンを王位に復位させんとしてハンガリアに兵を進め、同時にチェコ公ウワディスワフに、ポーランド侵入を勧める。この時、チェコ公ウワディスワフがクラクフを占領したか否か、については、確たる資料が残されていない。しかしながらこの事実を間接的に証する二つの典拠が残っている。その一つは、このポーランド侵攻後三年を経た一〇八二年、オーストリア公レオポルドとハインリッヒとの闘いに、チェコ公ウワディスワフが、ポーランドの軍を率いてハインリッヒの陣営に加わったことを報ずる『ザクセン年代記』である。

「ウワディスワフは、ボヘミアとポーランドの軍隊、および彼が懇請して借り出したラティスポネーの司教の少なくない兵士を率いてバヴァリア東部に到着する。レオポルド（オーストリア公）は、戦いに打って出て、その行手を阻止せんとする。しかしそこで多くの者が打ち倒されたので、手勢をまとめて逃走した。五月の中日の四日のことである」[*7]。

一〇八二年に、チェコのウワディスワフがポーランドの兵を率いて戦場に赴いたということは、ウワディスワフがすでにポーランドの一部（しかも中心部）を自己の領土としていたことを示す一つの証左となる。

さらにこの点は、一〇八六年の、チェコ公ウワディスワフ自身の王位戴冠式についてのチェコの年代記、いわゆる『コスマのボヘミア年代記』の叙述の中に、明確にうかがうことができる。グレゴリウス七世との権力闘争に打ち勝ち、一〇八六年に自らの手によって法王に任命したクレメンスにより、ローマで神聖ローマ皇帝として戴冠したハインリッヒは、同時に戦功のあったチェコ公ウワディスワフの王位戴冠を許可する。

「トレヴィリスキの大司教エギルベルトは、皇帝の命令に従って六月一五日プラハに赴き、祝祭のミサをとりおこなう時、王の印璽をもったウワディスワフに、王として塗油をほどこし、王の頭にも、また王妃としての式服をまとった妻エヴィンターヴァの頭にも王冠を置いた。その時、聖職者、太守たちは、三度歓声をあげた。『チェコ王でもあり、ポーランド王でもあるウワディスワフよ、平和、健康、勝利をもたらす栄ある王よ！』[*8]」。

この資料によると、一〇八六年にチェコ王となったウワディスワフは、正式にポーランド王をも兼ねる者と呼ばれている。『コスマのボヘミア年代記』の他の記述を併せ考えると、ウワディスワフは一〇七九年のポーランド侵入から七年間、クラクフを中心とするマウォポルスカ地方を支配して

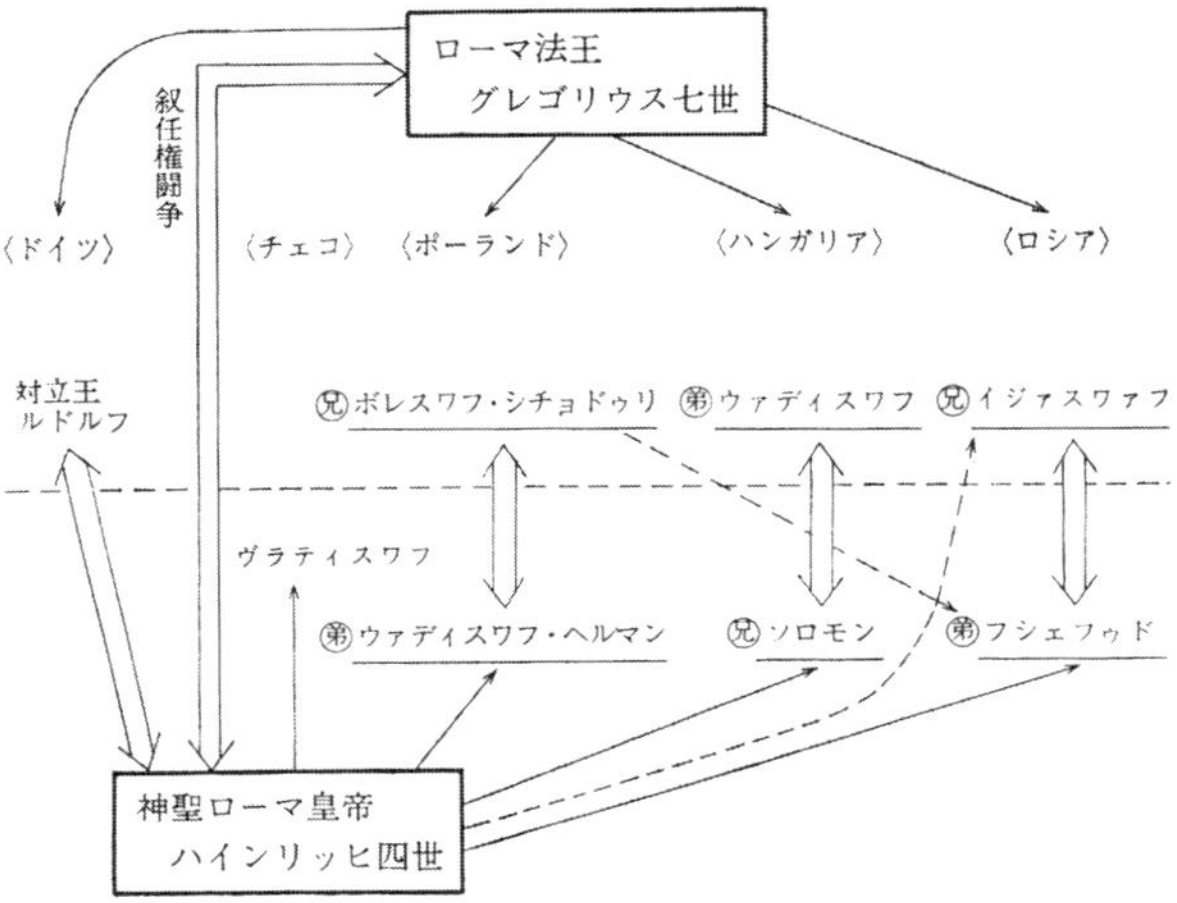

1070年代のヨーロッパの政治的対立の図

いたと考えられる。(『コスマのボヘミア年代記』は、チェコの司教区の範囲に、クラクフを含む、ブク川、スティル川にまたがる地域を数えている。従って、クラクフには副司教座が置かれることになったと考えられる。[*9])

その後、チェコのウワディスワフとともにボレスワフ・シチョドゥリを倒したシチョドゥリの弟のウァデスワフ・ヘルマンは、このウワディスワフの娘ユデットを妻に迎え、ポーランドを統治する。

以上述べたように、ヴォイチェホフスキは、当時のヨーロッパには、教会改革を進めるローマ法王の陣営と、神聖ローマ皇帝とに大きく分かれた二大陣営が存在した、と考える。法王は、自らの改革を全ヨーロッパ的規模に拡大しようとし、また皇帝権の拡大を阻止せんとして、はるかにロシアのカトリック化まで視野に入れながら、ロシアはイジスワフを援助し、ポーランドのボレスワフに王位を許し、ハンガリアのウワディスワフ、ドイツの対立王ルドルフ、オランダ公、フランス王まで含めた対皇帝包囲網を形成しようとした。他方神聖ローマ皇帝ハインリッヒ四世は、チェコ公ウワディスワフの力を助けとして、ポーランドにはヘルマンを、ハンガリアにはソロモン、ロシアには、自分の勢力に入る限りにおいてイジスワフを配置して、それぞれの国の法王勢力に対抗させようとした。従ってヴォイチェホフスキは、スタニスワフ殺害は、この「国際政治」のダイナミズムが生み落とした一つの政治的事件であった、というのである。

第3節 『ヴィンセンティの年代記』の記述

第2節で述べたように、『匿名のガル年代記』のスタニスワフ評価は、アンビヴァレントなものであった。スタニスワフを殺害した王ボレスワフ・シチョドゥリは大罪を犯したとして批難されている一方で、司教スタニスワフ自身も「裏切り者」という烙印を押されている。しかしながら、『匿名のガル年代記』が書かれてから約百年後に作成された年代記『ヴィンセンティ・カドゥベクのポーランド年代記』(『ヴィンセンティの年代記』と略記)においては、スタニスワフは暴虐な君主によって殺害され、殉教した聖者として描かれるにいたった。このスタニスワフ評価の大きな転換はどのようにして行われたのであろうか。ここでひとまず『ヴィンセンティの年代記』そのものの性格について一瞥してみることとする。

『ヴィンセンティの年代記』の成立時期については、今日まで確定的な見解は提出されていないのではあるが、カジミエシ二世公正スプラヴィエドリーヴィ公がポーランド大公に即位する時期、ほぼ一一九〇年代以降、ヴィンセンティ自らクラクフの司教の地位に就いている一二一〇年代までに書かれたものであろう、といわれている。[*10]『ヴィンセンティの年代記』は四巻よりなり、第四巻を除いてすべて対話形式で物語が展開されていく。第一巻は、伝説の時代、ピァスト朝以前の王朝の歴史、すなわち異教時代のポーランドの歴史を取扱っており、第二巻はピアスト王朝成立よりボレスワフ・クシヴォウスティ（一〇八五～一一三八）の時代までの、第三巻はクシヴォウスティ没後の分封時代よりボレスワフ・ケンジジャーヴィ（一一二五～一一七三）の時代までの、第四巻は、ミェシコ・スターリ（一一二六／二七～一二〇二）とカジミエシ・スプラヴィエドリーヴィ（一一三八～一一九四）の統治の時代までの歴史を取り扱っている。文体は洗練・典雅を旨とし、古典期のラテン語を模倣し、十四－十五世紀のポーランドにおいて、ラテン語文体のテキストとして使用された、といわれている。またラテン文学・哲学・法学への博識ぶりは、十二世紀ルネサンスの一記念碑として聳えている、と評価されている。

特に以下の点は注目されるべきである。すなわちヴィンセンティの法学の知識に関するバルゼルの研究は、ヴィンセンティがユステイニアス法典に精通していたことを明らかにしている。また古典文献に関しては、年代記の歴史的なエピソードにしばしば借用されている『ポンペイウス・トローグスの歴史書の、ユスティヌスによるフィリピクスの歴史の概要』――これは、十二－十三世紀のヨーロッパのラテン語の歴史書としてもっともよく読まれたものの一つといわれている——の他、ユリウス・ヴァレリウス、ボエチウス、キケロ、ホラティウス、クフィンティリウス、ルカーノス、ユヴェナーリス、マクロビウス、オヴィディウスの引用が多くなされている。ヴィンセンティと同時代の著作家のものとしては、ソールズベリーのジョンの引用が注目される。従ってヴィンセンティの教養世界が、当時のパリ、オルレアン、シャルトルの知識人たち、すなわち十二世紀ルネサンスの知識人ととほぼ同一のものであったことが指摘されている。

一般的特徴

内容において『ヴィンセンティの年代記』が『匿名のガル年代記』と決定的に異なる点は以下の点である。『匿名のガル年代記』が、グニェズノを中心としたヴィルコポルスカ（今日のポズナニ周辺地方）の伝承に依り、ピァスト朝の成立から筆を起こしているのに対して、『ヴィンセンティ年代記』は、ポーランドの王朝の起源を、クラクフを中心とするマウォポルスカ（ポーランド南部）の伝承に求め、クラクフの町の建設者クラク Krak（Graccus→Graccovia→Kracovia）をもってポーランドの最初の王としている点である。ピァスト朝の創始者ピァストは、クラクの王朝数代ののち、さらに幾代かの王の統治のあと、暴虐の君公ポピェールの追放ののち、やっと登場するのである。

さらに『匿名のガル年代記』においては、ピァスト朝の統治は、その正当性が統治そのものに即して問われない、いわば無前提なものとして措定され、力点は、ポーランドの対外的な優位・対外的な独立における歴代の王の功績を賛美することにあったが、他方『ヴィンセンティの年代記』においては、対内的な秩序の形成過程の紹介と、また秩序原理の正統性の内容に重点が置かれている。『ヴィンセンティの年代記』第一巻冒頭は次の文章から始まっている。「昔、国（「レス・プブリカ」――国家を表現するラテン語――筆者補）に有徳があった」Fuit, fuit quondam in hac republica virtus. 昔は、有徳があまねくゆきわたっていたが、幾代か、時代の経過とともに、有徳が衰微していった。その時、徳の回復者としてクラクなる者が登場し、ポーランド最初の王に選ばれる。その有様をヴィンセンティは次のように描いている。「『私は約束するが、もし自分が選ばれるとしても、王としてではなく王国の同僚として、である。というのは、私は、自分の為に生まれたのでなく、全世界のために生まれた、と信じているからである』と。すべての人は、このようなクラクの発言に対して、彼を王として歓迎する。彼は法を定め、法規を発令する。それゆえ、我が国の国法はこのようにして生れたのである。というのは、これ以前においては、自由は隷従に屈し、公正は不正に従うよう命じられていたからである。……しかしこの時以後、暴力への屈服はやみ、もっとも小さき者にもっとも多くの好意を示すことが公正と呼ばれるようになった」[*11]。ここには、一種の有徳者君主思想がみられる。つまり、徳なき王は、たとえ力があったとしても、王冠を喪失して当然なのであり、有徳者こそ王に選ばれるに価する、とする思想が語られている。王権への無条件的賛美は後背に退き、王の徳の有無、またその特質の吟味に重点が置かれている。それゆえに、『ヴィンセンティの年代記』は、単にポーランドの歴代の王の事績を描く歴史書である、というよりは、むしろ、権力者に対する道徳の書、倫理的規範の書であったように思われる。それでは、『ヴィンセンティの年代記』は、ボレスワフ・シチョドゥリ王を、また彼によるスタニスワフ殺害をどのように描いているのであろうか。

ボレスワフ・シチョドゥリ像

ヴィンセンティは、まずボレスワフを、誇り高き武勇に秀でた王として描いている「ボレスワフにとって富の光栄は、全く皮相なものであり、贈物をすることができる、ということの他には、その中にいかなる喜びも見い出すことができなかった」(MPH T. II. s. 291)。ボレスワフにとって、「権威が利得の後塵を拝する、というのはばかげた事」である。ボレスワフは、ロシアに遠征し、ロシア王を追放し、自分の身内の縁者を王位に据え、またハンガリアに侵入しては、ソロモン王を追放し、自らポーランド国内で扶養したウワディスワフを王位に就ける。だが、ボレスワフの戦争に継ぐ戦争や、長期の出征は、国内に不穏の種を蒔くこととなる。すなわち、ポーランドの諸侯の奴隷が、諸侯の妻娘を唆し、謀反を起す。「ある者は、夫を待つことへの疲れから、他のある者は絶望から、若干の者は暴力によって奴隷の抱擁に身をまかせた。彼らは主人の家屋敷を占領し、町に要塞を築き、主人の帰国を禁じたばかりか、帰国した時には戦も辞さなかった」[*12]。ボレスワフは、この反乱者に厳罰で臨んだ。

以上がヴィンセンティのボレスワフ像であった。

スタニスワフ殺害論

しかしながら、ヴィンセンティの叙述は、これ以後、ボレスワフの赫々たる勝利・武勇への賛美から一転して彼の狂気・残忍さへの論難に変わっていく。「その時以来、オリーブの木は野生のオリーブに、蜜はニガヨモギに変った」[*13]。ボレスワフは、反乱を起した首謀者達を罰しただけでなく、反乱に荷担した女たちにも厳しい刑を課す。そこにクラクフ司教スタニスワフが登場する。司教スタニスワフは、ボレスワフの残忍無慈悲な行為を諫止しようとするが、ボレスワフは耳を傾けない。そこでついにスタニスワフは、「破門の刀を抜いた」。しかしボレスワフはこの脅迫に屈服せず、刺客を放ち、教会の中で司教を殺害するように命じる、しかしスタニスワフに襲いかかろうとする度に、刺客は後悔の念にとらわれ、司教殺害を遂行することができない。それを見てボレスワフは自ら赴いて、司教の体を切り刻む。その時、不可思議な奇跡が生じる。四方から四羽の鷲が飛来し、殉教の行われた場所の上を高く旋回し、禿鷹その他の血に飢えた鳥が殉教者の体に触らないように監視する。さらに驚くべき事に、捨てられ散乱した体の一片一片が光を放ち、輝くばかりにその周辺を照らした。それを見て敬虔な思いに満ちあふれ、歓喜した信者達が散乱した体の小片を拾い集めようとしたところ、その小片が結合し、体は傷跡を残さず元のままの姿にもどっていた。信者たちはその遺体に香油を塗り、聖ミカエル教会の小さなバシリカに安置した。

以上が『ヴィンセンティ年代記』における、ボレスワフ・シチョドゥリ、聖スタニスワフに関する叙述の大要である。では、この叙述は、『匿名のガル年代記』のそれと、いかなる点において相違しているのであろうか。

ボレスワフ・シチョドゥリへの一般的な評価・人物像においては、ヴィンセンティは『匿名のガル年代記』のイメージをほとんどそのまま踏襲している。ボレスワフは、大胆・勇敢なる騎士、利得に恬淡、客に物惜しみをしない王であった。キエフ遠征、チェコその他の国々への出征にまつわるエピソードもほとんどそのまま、採用している。しかし、スタニスワフ殺害についての叙述は『ガル年代記』よりもはるかに詳しくなっている。殺害の理由が語られ、『匿名のガル年代記』が触れていない点、すなわち自ら手を下した、とする叙述が登場し、殺害後の奇跡が詳しく紹介されている。『匿名のガル年代記』に書き込まれた「裏切者」という烙印は、『ヴィンセンティ年代記』の中では、ボレスワフがハンガリアに追放された時、ハンガリア王ウワディスワフに対して述べた自己弁護の中に置かれるにいたった。ボレスワフはハンガリア王ウワディスワフに向って言う。「『ある者は、自分（ボレスワフ）を冒涜者とは考えず、自分の中に冒涜者に対する最も尊敬に価する復讐者を見ている。というのは、生来自由（気儘）な女達は、放蕩に陥り、奴隷達に身をまかせ、結婚の神聖な絆を恥かしげもなく汚したからである。奴隷の一味は、主人に対して謀反し、多くの人を死に至らしめ、ついには王に対して反乱を準備し、破滅させようとした。』（このように述べて——筆者補）すべての責任を司教に転嫁して、こう断言するのである。『司教の中に裏切りの発端があり、あらゆる悪の根がある。これらすべての事柄は、この危険な源泉から流れてきたのである。』と」[*14]。そして、ヴィンセンティは、こうしたボレスワフの自己弁護は、一時、人の信じるところとなり、司教の権威を傷つけることになったが、「太陽が、雲の陰に隠れることがあっても、雲によって消え去ってしまうことはない」ように、このボレスワフの虚言もたちまちのうちに廃れていくものである、と述べている。そして遂に、スタニスワフの上に、「至聖なるsacerrimus」「聖なるsanctus」という尊号を冠するにいたる。ここにいたってはじめて明確に、スタニスワフを聖人とする見解が登場することになるのである。

それでは、いかなる理由からこのようなスタニスワフ像が形成されたのであろうか。今まで述べてきたように、そもそもスタニスワフについて、また彼の殺害については、直接的な証言、文献はほとんど残されていなかったし、『匿名のガル年代記』もスタニスワフの人物像、殺害の原因、その後生じた奇跡については、一切触れていないのである。ここに、ヴィンセンティ自身の側における、スタニスワフの列聖化についての内在的要因を探ってみよう。

第4節　小　括

ヴィンセンティが生まれたのは、一一六〇年あるいは一一六一年ともいわれている。没年は一二二三年である。この時代のポーランドは、分裂・抗争を繰り返す下剋上の分封時代であった。一一三八年、ボレスラフ三世クシヴォウスティが没すると、ポーランドは五人の息子達に分割相続された。長男ウワディスワフ二世ヴィグナニエッツはシロンスク地方とマウォポルスカ地方を、二男ボレスワフ・ケンジェジャーヴィはマゾフシェ地方とクャーヴィ地方を、三男ミェシコ・スターリはヴェルコポルスカ地方を、四男ヘンリクはサンドミエシ地方を、五男カジミエシは、長じてマウォポルスカ地方とサンドミエシの一地方を侯国として領有し、長男ウワディスワフを大公に戴きつつも、それぞれ独立の国家として、相互に抗争を重ねた。兄弟の間では、長男ウワディスワフだけが、ロシア公女ズビスワヴァを母とし、他の弟達が、ドイツの大貴族ベルゲン伯の女サシアから生まれた、という事情も重なり、まず長男とその下の弟達との間で抗争が勃発する（一一四一～四六年）。ウワディスワフはクラクフから追放される。彼は神聖ローマ皇帝コンラッド三世の妹アグネシカを妃としていたことから、ドイツへ一時難を逃れ、皇帝の保護・援助を求める。ウワディスワフ二世追放後のポーランドには、次男ボレスワフ・ケンジェジァーヴィが大公に即位する。しかし、そこに神聖ローマ皇帝コンラッド三世が、ウワディスワフ復位の大義名分のもとに一一四六年ポーランドに侵入する。そして再び一一五七年にも皇帝フリードリッヒ一世バルバロッサがポーランドに侵入した時は、ボレスワフは、敗北して皇帝に臣従を誓うことになる。一一五九年にウワディスワフが没すると、その二人の息子ボレスワフ・ヴィソキとミエシコ・プロントノーギにシロンスク地方を分割相続させる。一一七三年に大公ボレスワフ・ケンジェジァーヴィが没すると、ヴィルコポルスキ公ミェシコ・スターリが大公の地位に登る。しかし、クラクフを中心とした聖・俗の大貴族達は、君主権の強大化を図り、重税を課すミェシコの支配に反対し、一一七七年、クラクフ司教ゲドコ、城代ステファンを先頭に反乱を起し、諸侯が一堂に会してミェシコの廃位を決め、クシヴォウスティの末子カジミエシを大公に推す。これ以後ポーランドは名ばかりの大公を戴きながら、実態は諸侯国分立の傾向を強めていく。一一九四年、カジミエシが没すると、大公の地位継承をめぐって、カジミエシの嫡子レシェック・ビァウウィとミェシコ・スターリとの対立が激化し、クラクフ聖職者の支持を得たレシェックが大公の地位を継ぐ。しかしミェシコ・スターリはこれを不満とし、ただちに叛旗をひるがえし、クラクフを占領する。この時の戦の傷が因でミェシコは一二〇二年に没する。ミェシコの息子ウワディスワフ・ラスコノーギが一時クラクフを占領し、位を継承するけれども、聖・俗の大諸侯を味方としたレシェックに敗れ、かわってこのレシェックが大公の位置につく。

以上がヴィンセンティが生きた時代のポーランドの主な諸事件であった。それでは、この抗争と分裂、下剋上の時代にヴィンセンティはいかなる生涯を送ったのであろうか。

今日までの諸研究によって明らかにされているヴィンセンティの個人史を辿っていくと、一つの明確な線が浮び上ってくる。ヴィンセンティは、一一八五年に、一一七七年のミェシコ・スターリに対する反乱を指導したクラクフ司教ゲドコによって、クラクフのカテドラルの高位聖職者の地位に、とくにカジミエシ公側近の司祭職に任ぜられている。そして彼の畢生の仕事『ヴィンセンティの年代記』の執筆は、この地位についていた一一九〇年ごろから始まる、といわれている（Kürbis）。

さらに彼の生涯にとっても、またポーランド教会の歴史にとっても極めて意義深い一つの事件が生ずる。『クラクフ参事会年報』の一二〇八年の記事は次のような記述を残している。「一二〇八年、教会法によってヴィンセンティウス、（クラクフ司教に）選ばれ、法王インノケンティウスにより確認され、大司教ヘンリクスによってクラクフの教会で聖別された」[*15]。「インノケンティウス」とは、グレゴリウス七世以来の法王権の皇帝権に対する優位を高唱し、また現実政治の上にその遂行を求めた、ローマ法王権の絶頂期に君臨した人物インノケンティウス三世である。大司教ヘンリクスとは、一一九九年、グニェズノの大司教の地位に就いて以来一二一九年に没するまで、極めて精力的にポーランドの教会改革を断行したヘンリック・キェトリッチのことである。ヘンリックの大司教としての仕事の中心的課題は、すでに西欧では百年前に闘われたグレゴリウスの改革のポーランドにおける遂行であった。教会における聖職叙任権の確保、聖職売買の禁止、聖職者の独身制の堅持、はこの時代までのポーランドでは実現されておらず、教会は世俗の君主権の支配下にあった。すなわち世俗君主は、司教杖と指輪によって司教を叙任し、また罷免することができたし、教会参事会員の任命権も君主の掌中にあった。彼ら君主は教会財産の主と考えられていた。

もちろんキェトリッチが大司教に就く以前から、教権の俗権からの独立は、徐々に進行していた。すでに一一八〇年のウェンチッツェの諸侯会議で、教会ははじめてのインムニテートの権利を獲得している。『一八一年三月二八日付法王アレクサンドルの勅令』はこのウェンチィツェの会議の決定を確認している資料である。それによると、（一）世俗の君主は教会ならびに聖職身分の者から不法な横領、着服を行ってきたが、今後は、死んだ司教の財産をもはや没収してはならないこと、(二)もし死んだ司教の財産に手をつける者がいれば、破門されること、(三)君主が豪勢な従者をつれて旅行する際、農民の穀倉を自由に利用し馬を調達する慣習的な権利は今後廃止されること、が決定された[*16]。

一一九八年には、すでに枢機卿ペトロスが法王庁の特使としてポーランドに赴き、教会組織内での結婚を制限し、司教に妻を娶ることを禁止していた。

そして一一九九年のヘンリック・キェトリッチの大司教就任によってポーランドの教会改革は加速する。彼は教会改革に協力するカジミエシ、その息子レシェクを支柱にしながら、ウェンチッツェの決定に従わないヴェルコポルスカ公ウワディスワフ・ラスコノーギを破門し、法王インノケンチィウス三世の支持を得て、俗権の容喙を退け、はじめて司教会議を開き、そこで、聖権だけによるクラクフ司教選出を行うことに成功する。実にヴィンセンティのクラクフ司教選出こそ、このキェトリレッチの教会改革遂行の一つのシンボリックな達成であった。

キェトリッチによるその後の教会改革の流れを記しておくと、一二一〇年のボジクフの諸侯会議で教会は大幅な教会特権を獲得した。『インノケンチウス三世の一二一二年四月二一日の勅令』によると、ポーランドの諸侯は、教会の自由の権利を認め、特に、死んだ司教の財産については、その司教が遺言を与えずに没した時、司教の手もとに金、銀、高価な衣類、馬具があれば、教会の許可を得て、諸侯は自分の自由に処分できるが、それ以外は、いかなる場合も全財産を教会に譲り渡すようにしなければならない、ということを承認した、とある。*17 さらに五年後、教会は一二一四年ヴォルブシの会議で教会法による教会裁判権を獲得した。

このような教会の政治的経済的諸権利の獲得、俗権からの独立運動は、この時代に多くの修道院が建設されたことにも示されるように、ポーランド・カトリシズムの本格的な大衆教化の進展の一つの表現であった。とくにシトー派の進出は著しく、ポーランド内部に二十数箇所の修道院を建設し、聖職者の道徳的宗教的権威を高めていった。シトー派の建設した修道院で有名なものを挙げると、イェンジジェユフ（一一四〇年設立）、スレーユフ（一一七六年設立）、ヴォンホック（一一七五年設立）、コプシヴォニッツア（一一八五年設立）。特に注目すべき点は、スレーユフの修道院はトマス・ベケットの名において設立されたものであり、またヴィンセンティがこの修道院に財産を寄贈していることである。またヴィンセンティがイェンジジェユフの修道院で年代記を書き続けていたことは有名であり、その地で彼は没するのである。そこからヴィンセンティをシトー派の修道士とする見解も現われている（Kürbis）。いずれにしてもこれらのことはヴィンセンティがシトー派と深い関係を持っていたことをうかがわせる事実である。

カトリックの民衆への布教拡大は、また布教方法の工夫を生み出していく。なかでも、聖人崇拝、聖遺物崇拝は、民衆への布教の重要な挺子となった。しかし他ならぬその点でポーランド・カトリックは重大な弱点を持っていた。かつてグニェズノの大司教座には、ポーランドに最初にキリスト教を伝えた聖人ヴォイチェフの遺体が祭られ、グニェズノはポーランドの権威ある巡礼地としての地位を確保していた。しかしながら一〇三八年、チェコの侵入により、五人の会士（聖ブルーノの『五人の会士の伝記』に描くところの）の遺体とともにヴォイチェフの遺体もチェコに運ばれてしまう。ここにポーランドは自らの尊崇のシンボルを喪失してしまったのである。一一八四年、クラクフ司教ゲドコによる聖フロリアヌスのローマからクラクフへの勧請は、その空隙を埋める一つの対応であった。

以上の背景を考えると、ポーランド教会史上はじめて聖職者の会議によってクラクフ司教に選ばれたヴィンセンティ、自ら教会改革運動の波頭に立ったヴィンセンティにとって、課題は、キリスト教をさらに深くポーランドの大地に根づかせ、その固き岩盤の上に立って教会改革に抵抗する世俗権力を批判すること、そのために新たなる尊崇の国民的シンボルを創り出すこと、であったはずである。分裂・抗争に明け暮れるポーランド人の中に、一つの統一した信仰を根づかせるには、今や外国の聖人の勧請では不十分であったと思われる。ポーランド人のためのポーランド人の聖人を「創り出す」ことが求められていた。

我々はこうした歴史的経過を踏まえ、またポーランドの二つの年代記の比較研究によって、次のようにいうことができるのではないだろうか。このヴィンセンティ自身の筆によって、スタニスワフが聖なる存在として、ポーランド・カトリックの象徴となったのであり、同時にポーランドの統一の象徴ともなったと想定することができるのではないだろうか。

あとがき

本書で明らかになったことは、ポーランドの国家建設には、王権の聖化と正当化のために、キリスト教の普及と教会の確立が不可欠であったこと、またそれは、ローマ的な国家（レス・プブリカ）観とユダヤ・キリスト教的な国家（朝の光＝メシア）観の融合の内に遂行されたこと、さらにグレゴリウス教会改革に代表される、信仰の独立を巡る教会組織の自立化の問題と国家の対外的自立の問題、とりわけ神聖ローマ皇帝の権力からの自立とバチカンとの深い関係という、複雑な問題を通じて追求されたこと、である。

これらの問題は、我が国の国家起源を考える際にも重要な示唆を与えるであろう。日本の国家形成が、中国大陸の儒教的な国家哲学・制度の導入と並行し、また同時に天皇権力の神聖化と中国大陸からの自立を同時に遂行しようとしたことを想起すべきであろう。

さて本書は、すでに三十年前に、岡山大学の法学部の紀要に発表された論考に手を入れたものである。その後の外国の研究の進展については、本書の末尾に掲げた基本文献を参照していただきたい。しかしながら、本書で言及された年代記研究およびその参考文献は、今日でも、ポーランドにおいて古典的な基礎文献となっているものであり、今後の研究でも踏み石として参照されるべきものと思われる。

また本書は、筆者にとっては、自己の学問の方法的再構築上の重要な一里塚となっているものである。私にとって、近代主義的・社会主義的な研究方法から、アリストテレス－トマス的な研究方法への転換は、フィロロギカルな文献実証的方法の探求という道を通して可能であった。本書の記述方法が、年代記に登場する言葉の、フィロロギカルな研究に、またある意味で、テキストの注釈を基本とする学問方法への回帰を志向していることを読み取っていただければ幸甚です。

『子曰く、述べて作らず、信じて古を好む。竊かに我が老彭に比す。』(『論語・述而』)

二〇一八年十月二日　擱筆

注および出典

第1章

1 MGH SS,t.IX.　I. Szlachtowski, R.Koepke,s.426.

2 J.F.Gajsler,"Stosunek podania Gallusowego o Piaście do legendy o ś.Germanie. "Przegląd Historyczny. t. 6. 1908. s. 143-154. W. Bruchnalski, "Piast."Kwartalnik Historyczny.1906 t. 20. s. 627-663.

3 H.Łowmianński, "Dynastia Piastów we wczesnym średniowieczu." Początki państwa polskiego. Poznań 1962. t. l. s. 113.

4 R. Michałowski, "Restauratio Poloniae w ideologii dynastycznej Gall Anonima." Przegląd Historyczny. t. 76. z. 3. 1985.

『匿名のガル年代記Galli Anonymi Cronicae』の大要については、拙稿「ポーランド最古の年代記――『匿名のガル年代記』について」（岡山大学『法学会雑誌』第三五巻第二号、九一―一四一ページ、一九八五年）参照。また この年代記に関する注釈書については次のものを用いた。

①R・グロデツキ『匿名のガルのポーランド年代記』R. Grodecki, Anonim tzw. Gall, Kronika polska, Kraków 1923.

②K・マレチンスキ『匿名のガルの年代記、すなわちポーランドの君主諸公の歴史』K. Maleczyński, Anonima tzw. Gall, Kronika czyli dzieje książąt i władcow polskich, Kraków 1952.

③T・グルジンシキ『ガル年代記に関する研究から』T.Grudziński,„ Ze studiów nad Kroniką Galla. ";Zapiski

Towarzystwa Naukowego w Toruniu.(1) 17 vol.3- 4. 1952.s.69- 113. (2)20vol.1- 4.1955.s.29- 100. (3)23vol.1- 3. 1958. s.7- 58.1952- 1958.

④M・プレジィア『匿名のガルのポーランド年代記』M. Plezia, Anonim. tzw. Gall, Kronika polska, Kraków 1974.

⑤荒木勝『匿名のガル年代記』（麻生出版、二〇一四年）

5 S. Urbańczyk, K. Żurowski, T. Wasilewski, "Gniezno" Słownik Starożytnosci Słowianskich, Wrocław-Warszawa-Kraków, 1964. t. 2, s. 114-118.

6 Encyklopedia staropolska. wyd. 1974.

7 Encyklopedia staropolska. t. lV. s. 106.

8 K. Potkański, "Postrzyżyny u Słowian i Germanów," Rozprawa Akademini Umiejętności. Wydz. Hist-Filoz., t. 7. 1901.

9 R. Gansińca, "Postrzyżyny słowianskie"Przegląd zachodni. 8, 1952.

10 A. Gąsiorowski, "Postrzyżyny", Słownik Starożytności Słowianskich, t. 4., s. 249-250.

11 この部分の典拠として、マレチンスキの注は『旧約聖書』申命記の一節、および『コスマのボヘミア年代記』Cosmae Chronica Boemorum（以下 Cosmas と略記）の一箇所を挙げている。「われかく汝らに告たるに汝ら聴ずしてエホバの命令に背き自擅（ほしいままに）に山に登りたり」（『舊新約聖書』〔小形引照つき文語聖書一九七九年〕申命記第一章四三節）locutus sum et non audistis sed adversantes imperio Domini et tumentes superbia ascendistis in montem"Biblia Sacra iuxta vulgatam versionem（以下 Vulgata と略記）,Stuttgart 1975. t. 2. s. 1607.、「傲慢不遜の念にあふれて」inflatus fastu superbie" Cosmas. t. 1. 10.

12 この箇所の典拠として、マレチンスキの注は『旧約聖書』創世記の一節を挙げている。「各々その解明にかなう夢をみたりし」uterque vidimus somnium praesagum futurorum„ Vulgata. t. 1. s. 11.（創世記第四一章十一節）。「セモヴィットSemovith」という名前については、グロデツキは、ブリュックナーの説を引き、当初この名は「シェモヴィット Siemowit」という形であって、「家族の繁栄」を意味した、としている。プレジィアは、さらにそれは「サモヴィタイSamovitaj」から由来しているとして、そのポーランド語の意味「ようこそ！」が語源であるとしている。

13 この箇所の典拠としてマレチンスキの注は『新約聖書』コロサイ書の一節を挙げている。「全体は、この首によりて節々維々に助けられ、相聯り、神の育にて生長するなり」（コロサイ書第二章十九節）。ex quo totum corpus per nexus et coniunctiones subministratum et constructum crescit in augmentum Dei. "Vulgata. t. 2. s. 1822.

14 第一章のポペル Popel とここのプンピィル Pumpil とは同一人物である。マレチンスキは、文献上にははじめにプンピィルが登場し、後代にポペルと書き変えられたとしている。

15 MGH SS, t. IX, Koepke, s. 426-7.

16 Ioannis Dlugossii Annales seu Cronicae incliti regni Poloniae. Liber 1, s. 158. Warszawa 1964.

17 Klechdy Domowe, Warszawa 1965. s. 9.

18 A. Czubryński, Mit kruszwicki. Badanine wiaroznawcze. Kraków 1915.

19 T. Wojciechowski, "O Piaście i Piaście." Rozprawa Akademii Umiejętności, Wydz. Hist-Filoz. t, 32. Kraków 1895.

20 H. Łowmiański, "Dynastia Piastów we wczesnym średniowieczu"Początki państwa polskiego, Poznań 1962.

t, 1. s. 112-22.

21 A. Brückner, "O piaście."Rozprawa Akademii Umiejętności t. 35. 1898. s. 307-52. Dzieje kultury polskiej, Warszawa 1957. t. 1. s. 151-158.

22 B.Kürbis, "Sacrum i profanum, Dwie wizje władzy w polskim średniowieczu."Studia Źródłoznawcze, XXⅢ 1977. s. 19-40.

23 Małecki, Studia heraldyczne. t. 2. Lwów 1890. 3. 46. M. Plezia, "List biskupa Mateusza do św. Bernarda."Studia z Dziejów Polski feudalnej ofiarowane Romanowi Grodeckiemu. Warszawa 1960. s. 123-140.

24 ピアストが低い卑しい身分であったとする点でヴィンセンティはガルの年代記の記　述を継承している。この点に注意を払うならば、humillim agricolae filius なる語は、「非常に卑しい農民の子」と訳さねばならないであろう。現代ポーランドの年代記研究者キュルビスのポーランド語訳（Mistrza Wincentego Kronika Polska, Warszawa 1974）では、syn bardzo ubogiego rolnika（「非常に貧しい農民の子」）となっており、humilis（「卑しい」）の語義が十分表面に表われてはいない。クラコフ司教の職に就いたヴィンセンティもまた『匿名のガル年代記』の作者と同様、「ウルガータ聖書」に精通していただろうから、この humilis に特別の注意を払っていたことは十分に推定可能な事柄であることと思われる。

25 キュルビス訳のように regia fungitur maiestate を「王権を掌握した」と訳すべきではないであろう。ヴィンセンティは、第二巻でセモヴィットの曾孫ミェシコを「ポーランドの最初の王」primus Polonorum rex と呼んでいるからである。

26 Monumenta poloniae Historica（以下MPH と略記）, t. II. s. 271.

27 ガルの年代記もヴィンセンティの年代記もこの二人の旅人の名前を掲げてはいない。しかし十三世紀末あるいは十四世紀にポズナニで編集されたとされている『ヴィエルコ・ポルスカ年代記』Chronica Poloniae Maioris の中では、彼らは天使とも考えられ、また聖ヨハネと聖パウロの名が与えられている。duos hospites qui creduntur fuisse angeli seu secundum quosdam Johannes et Paulus martires. "（MPH. nova seria. t. 8. s. 13）「二人の客人は天使であったとか、またある人々の間では殉教者聖ヨハネと聖パウロであった、と信じられている」。十五世紀中葉に書かれたドゥウゴーシの『名高きポーランド王国の年代記』Annales seu Cronicae incliti regni Poloniae はこの『ヴィエルコ・ポルスカ年代記』の記述を踏襲している。「ある者は彼らを天使と思い、他のある者は殉教者聖ヨハネと聖パウロと考えた。彼らの祭日は六月二六日である」。なおここで掲げられている聖ヨハネ、聖パウロとは、ローマ帝国の元軍団兵で、ほぼ三六二年ごろに殉教した人物のことを指している。ここまでくると『新約聖書』ヘブル書第一三章の冒頭部分の影響は歴然としている。「旅人の接待を忘るな、或人これにより知らずして御使を舎したり」（前掲書、四六六ページ）。hospitalitatem nolite oblivisci per hanc enim latuerunt quidam angelis hospitio receptis.（Vulgata. t. 2. s. 1856）

28 A・ビエロフスキ、W・ケンチシンスキはこの箇所の典拠としてセネカの手紙第八一を挙げている（MPH, t. 2. s. 272）animo et beneficia et iniuriae constant.（The Loeb classical library, Seneca. Ad Lucilium Epistulae Moreles, t. 2. s. 220）「恩恵も加害も心に基づくものである」。

29 ビエロフスキ、ケンチシンスキ、キュルビスともに『新約聖書』ローマ書第七章一八節を典拠として挙げている。「善を欲すること我にあれど、之を行ふ事なければなり」（前掲書、三二四ページ）。nam velle adiacet mihi, perficere

autem bonum non invenio.(Vulgata. t. 2. s. 1757)

30 『旧約聖書』中命記第十二章五節を参照。「汝らの神エホバがその名を置んとて汝らの支派の中より擇びたまふ所なるエホバの住居を汝ら尋ね求めて其所にいたり」(前掲書、三四七ページ)。sed ad locum quem elegerit Dominus Deus vester de cunctis tribubus vestris, ut ponat nomen suum ibi et habitet in eo(Vulgata. t. 1. s. 252)『旧約聖書』においては、名は実体と人格を表わしていた、と言われている(『聖書事典』〔一九六一年、日本基督教団出版局〕六二八ページ参照)。

31 MPH. t. 2. s. 272.

32 キュルビスの注は、このギリシャ・ラテン風の官職名をヴィンセンティ自らの考案物としている。そしてキュルビスは、ヴィンセンティは権力者の歴史的役割を国の制度、法の制定に置き、セモヴィットをクラコフの建設者グラックスに等しい者、すなわちポーランド国家の建設者と考えている、としている。他方、『ヴィンセンティの年代記』に関する先駆的な研究を発表したH・ザイスベルグ、またヴィンセンティ研究において古典的地位を占めるO・バルゼルは、この箇所の典拠として『旧約聖書』出エジプト記を挙げ、セモヴィットの設けた職名は、モーゼがイスラエル民族に与えた制度と関連させて把えるべきである、としている。「又汝全躰の民の中より賢して神を畏れ真實を重んじ利を悪むところの人を選み之を民の上に立て千人の司となし百人の司となし五十人の司となし十人の司となるべし」(前掲書、出エジプト記第一八章二一節)。H. Zeissberg, Vincentius Kadlubek und Seine Chronik Polens.:Archiv für Österreichische Geschichte, Wien 1870. t. 24. s. 90. O. Balzer, Pisma pośmiertne Oswalda Balzera. t. 1. s. 444. t. 2. s. 186.

33 MPH. t. 2. s. 272.

34　ヴィンセンティのこの記述は不正確である。ナザレ人とは、ヘブライ人の中で神ヤハウェに献身を誓う誓願者のことで、特定の期間、ぶどう酒、濃い酒を禁じたばかりでなく彼らは、断髪をせず逆に髪の毛を切らなかったのである。ローマ・カトリックにおける修道士の誓願は、正に断髪を規定している。「エホバ、モーセに告て言たまはく、イスラエルの子孫に告て之に言へ男または女俗を離れてナザレ人の誓願を立て俗を離れてその身をエホバに帰せしむる時は、葡萄酒と濃酒を断ち……その誓願を立て俗を離れをる日の間は都て薙刀をその頭にあつべからずその俗を離れて身をエホバに帰せしめたる日の満るまで彼は聖ければその頭髪を長しおくべし」（『旧約聖書』民数紀略第六章一節から五節）。

35　このラティオ ratio、カウサ causa の訳語を確定することは極めて困難な事柄である。ヴィンセンティと十二世紀のヨーロッパの諸思想、とりわけシャルトル学派との関連を探る中で、ヴィンセンティがいかなる思想家の影響力の下にあり、いかなる意味にこのラティオ、カウサを用いているかを確定しなければならないからである。ちなみに中世ラテンにおいてラティオ ratio は、①理性、あるいは推理する能力。Thomas Aquinas, Summa Teologica.（以下 Summa と略記）II. 2. 49.、②形相的根拠、物の本質。Summa. I. 1. 1- 3.、③定義、④存在理由。Summa、⑤原因、⑥論理、推理。Summa. I. 104、⑦判断等の意味を持っている。またカウサ Causa は、①物、品物、②財、③事件、④訴訟、⑤スコラ学における causa efficiens 起生因、causa materialis 質料因、causa formalis 形相因、causa finalis 目的因、等の意味を持っている（Corpus Christianorum, Lexicon Latinitatis Medii Aevi. 1975）。

36　MPH. t. 2. s. 274.

37　MPH. t. 2. s. 274.

38 Corpus Iuris Civilis. t. 1. Institutiones P. Krueger, Weidmann 1973. s. 5.

39 ヴィンセンティはユスティニアヌス法典の『学説彙纂』Digesta.（一、七、一、一）、「勅法彙纂』Codex（五、二七、七、一）、『法学提要』Institutiones（一、十、二）に基づいて、養子縁組と婚姻との関係について詳しく述べ、養子縁組によって得られた兄弟姉妹関係はその縁組が続く限り婚姻締結の障害となる、と言っている。

40 この「正当な原因と正当な根拠が先行しているこの種の養子縁組」hoc adoptionis genus quod tam legitima et causa praecedit et ratio. という表現も極めてスコラ学的である。こうした表現は他ならぬトマス・アキナスにおいて定形化されているように思われる。「結果がその作用因のうちに、作用因の力において先在することはあきらかである。しかるに作用因の力において先在するということは、結果において存在する場合よりも不完全な仕方で先在することではなく、却ってより完全な仕方で先在することにほかならない」（トマス・アキナス『神学大全』第一部第四問第二項〔世界の名著『トマス・アクィナス』中央公論社、一八三ページ〕）。さらに「技術によって外的に造りだされる事物について、制作者の精神のうちに何らかの理念（ratio）―これは技術の規準と呼ばれる―が先在しているように、理性（ratio）によって確定されるところのかの正しい業・行為についても精神のうちに何らかの理念（ratio）が先在している」（『神学大全』第二部五七問第一項〔邦訳第一八冊、稲垣良典訳〕５ページ）。

41 MPH. t. 2. s. 275.

第２章

1 MGH SS. t. 9. wyd. R. Koepke, s. 427.

2 Plezia, Anonim tzw. Gall. Kronika polska, Krakow 1975. s. 16-17.

3 Brygid Kürbis,"Dagome iudex - Studium krytyczne": Początki państwa polskiego. t. 1. 1962. s. 395.

4 『ティトマールの年代記』Thietmari Merseburgensis episcopi chronicon-Kronika Thietmara, (Poznań 1953). オダについてはさらにO. Balzer, Genealogia Piastów, Krakow1895 参照のこと。

5 Maciejowski, Przeździecki.

6 R. Grodecki, Anonim tzw. Gall. Kronika polska, Kraków 1923, s. 70. B. Kürbis. SSS. t. 1 s. 311.

7 Grodecki, op. cit. s. 70.

8 "suspiria duxit ab imo pectore" (Ovidius, Metamorphoses, t, 10. 402, The Loeb Classical Library, （以下Loebと略記）t. 2. s. 92）

9 Vergilius, Aeneid, t. VI. 55. Loeb. t. 1. s. 510.

10 "Unde in conuiuiis Slavorum adhuc cantilene gentilium, plausus manuum mosque salutancium seruantur usque in diem hodiernum" (Vita S. Stanislai episcopi Cracoviensis [Vita Minor] MPH, t. 4. s. 258.

11 "et luctus atque tristitia in hilaritatem gaudiumque conversa sint." (Biblia Sacra-Vulgatam, Wurttembergische Bibelanstalt Stuttgart, 1975. (以下Vulgataと略記) t. 1, s. 723.

12 "exaltavi te de medio populi et dedi te ducem super populum meum Israhel" (Vulgata, t. 1 s. 484.

13 "profecto ita se res habet."(Sallust, Bellum Iugurthinum. Loeb, s. 314.

14 "ea res longe aliter ac ratus erat evenit."(Sallust, Bellum Iugurthinum Loeb, s. 142.

15 "paenituerunt se recessisse a cultura Dei sui"(Vulgata, t. 1. s. 695.)

16 "fide intellegimus ut ex invisibilibus visibilia fierent."

17 "invisibilia enim ipsius a creatura mundi per ea quae facta sunt intellecta conspiciuntur sempiterna quaque eius virtus et divinitas."(Vulgata, t. 2 s. 1750)

18 MGH SS, t, 9, wyd. R. Koepke, s. 428.

19 Widukindi res gestae Saxonicae Ⅲ. 66, MPH, t. 1. s. 140.

20 Sallust, Bellum Iugurthinum, Loeb, s, 192.

21 Sallust, Bellum Catilinae, Loeb, s, 4.

22 op. cit., s. 16.

23 O. Balzer, Genealogia Piastów, s. 22.

24 Vipo, Gesta Counradi I.

25 Thietmar, IV.

26 965. Dubrouka ad Meskonem venit. 966. Mesko dux Polonie baptizatur.(MPH, t. 2. s. 792)

27 MPH, n. s. t. 1. s. 147. イブラヒム・イブン・ヤクブの旅行記については、拙稿「ポーランド最古の年代記」を参照のこと。そのアラビア語の写本テキストは『ポーランド歴史資料集、新版第一巻』Monumenta Poloniae Historica, Nova series, t, 1, Krakow 1946. に収録されている。

28 Thietmar, Lieber IV. 56.

29 Thietmar Liber IV. 56.

30 《ecce iterum meska in regno》. Meska enim confusio seuturbacio dicitur.(MPH. n. s. t. 8. s. 16.

31 Ioannis Dlugossii, Annales seu Cronicae incliti regni Poloniae. Liber primus. varsaviae 1964, s. 170.
32 op. cit., s. 170-171.
33 M. Fenikowski, "Polonia Antiquissima Restituta o właściwą postac imienia mieszko": Poradnik językowy, 1971, nr. 4.
34 A.Brückner, Słownik etymologiczny języka polskiego, Warszawa 1970, Z.Wojciechowski. Polska nad Wisłą i Odrą, Katowice 1939.
35 Wł. Semkowicz., "Inter arma." 1946. J. Dowiat, Metryka chrztu Mieszka I i jej geneza. Warszawa, 1961.
36 M. Fenikowski, op. cit.
37 MPH, t. 2. s. 275.
38 『神学大全』Ⅰ、高田三郎訳、創文社、一九六〇年、六ページ。
39 Augustinus, Confessiones. Kosel-Verlag Muachen, 1960, s. 346.
40 『創世記逐語的注解』清水正照訳、一九九五、九州大学出版（二の三）。 De Genesi ad Litteram, Liber XII. -XXXI : Augustini Opera Omnia. Parisiis, 1836. t. 2, s. 507.
41 『神学大全』前掲書二五二〜三ページ。Summa. pars. 1. q. 12 12 s. op. cit., s. 61.
42 MPH, t. 2. s. 276.
43 『エネアデス』第一論文集、第八論文（『世界の名著、プロティノス』、二〇三ページ）。
44 Vulgata, t. 1. s. 688.
45 Vulgata, t. 2. s. 1779.

1 MGH SS. t. 9. wyd. R. Koepke, s. 428.

2 MPH. t. 2. s. 276.

3 舊新約聖書」［小形引照つき文語聖書一九七九年］、一二二ページ。Biblia Sacra iuxta vulgatam versionem（以下 Vulgata と略記）, Stuttgart 1975. t. 2. s. 1608.

4 O.Balzer,Genealogia Piastów,Kraków 1895. S.Zakrzewski, Bolesław Chrobry Wielki, Lwów- Warszawa -Kraków, 1925.

5 Sallust, Bellum Iugurthinum. The Loeb Classical Library,（以下 Loeb と略記）s. 314.

6 MGH SS t. 15. s. 943.

7 S. Zakrzewski, op. cit., s. 179.

8 Kronika biskupa Merseburskiego Thietmara-Thietmari Merseburgensis episcopi Chronicon, Poznań 1953. Liber V. 30. s. 292.

9 T. Grudziński, op. cit., (3), s. 20.

10 Vita S. Stanislai, op, cit., s. 268.

11 Magistri Vincenti Chronicon, MPH. t. 2. s. 279.

12 Rocznik Traski, Rocznik krakowski, MPH. t. 2. s. 828.

13 T. Grudzinski, ibid., J. Dąbrowski, Dawne dziejopisarstwo polskie, Wrocław 1964. s. 65-66.

14 Vulgata, t. 2. s. 1358. 前掲書、一四九四ページ。
15 Vulgata, t. 1. s. 763. 前掲書、九五八ページ。
16 Vulgata, t I s 774. 前掲書、九六六ページ。
17 Vulgata, t. 1. s. 1122. 前掲書、一二〇七ページ。
18 Vulgata, t. 2. s. 1535. 前掲書、一二ページ。
19 T. Grudziński, op. cit., s. 21.
20 G. Labuda, Studia początkami państwa polskiego, Poznań 1946. s. 300. T. Grudziński, ibid.
21 R. Grodecki, op. cit., s. 4-5.
22 S. Krakowski, op. cit., s. 72. St.Krzyżanowski,"Na marginesie Galla":Kwart. Hist. 1910. t. 24.
23 MGH SS. t. 9. s. 431.
24 R. Grodecki, op. cit., s. 77. A. Brückner, Słownik etymologiczny języka polskiego, Warszawa 1970. s. 277.
25 R. Grodecki, ibid.
26 Vulgata, t. 2. s. 1498. 『聖書』、講談社バルバロ訳、一九八六年、八四四ページ。
27 Thomas Aquinas, Summa Theologicae, I-II q. 61 a. 1. [B. A. C. t. 2. s. 379]
28 Vulgata,t.2.s.979. 『聖書』（文語訳）一一三六ページ。
29 MGH SS, t. 9. s. 424.
30 R. Grodecki, op. cit., s. 52.
31 Słownik Łacinsko-Polski, t. IV. Warszawa 1974. s. 292.

32 MPH. t. 9. s. 432-433.
33 M. Plezia, op. cit., s. 31.
34 Ioannis Dlugossii Annales seu cronicae incliti regni Poloniae, Liber secundus varsaviae 1964. s. 179.
35 Jana Długosza roczniki czyli kroniki sławnego Krolestwa polskiego, Warszawa 1961 s. 269.
36 R. Grodecki, op. cit., s. 80.
37 M. Plezia, op. cit., s. 31. なお、さらに拙稿「聖スタニスワフ崇拝について」（岡山大学『法学会雑誌』第三五巻三・四号一九八六年、T. Silnicki, "Początki organizacji kościoła w Polsce.": Początki państwa polskiego, Warszawa. 1962. t. 1. s. 357. W. Abracham, Organizacja kościoła w Polsce, Poznań 1962 s. 162-173.
38 Vulgata, t. 2. s. 1720. 前掲書、二六三ページ。
39 Vulgata, t. 2. s. 1271. 前掲書、一三九三ページ。
40 S. Zakrzewski, op. cit., s. 142.
41 Vulgata, t. 2. s. 1837. 前掲書、四三五ページ。
42 Vulgata, t. 1. s. 882. 前掲書、一〇四八ページ。
43 MPH, t. 2. s. 276-277.
44 Kronika Wielkopolska, Warszawa 1965. s. 71.
45 Corpus Iuris Civilis, t. 2. Codex Iustinianus, P. Krueger, Weidmann 1970. s. 10.
46 Codex, ibid.
47 Codex, op. cit., s. 68.

48 Ioannis Saresberiensis Episcopi carnotensis policratici（以下Policraticusと略記), New York 1979. recog. Commen. Clemens. C. 1 Webb. s. 237. ジョン・オブ・ソルズベリの思想については、さしあたり、兼平昌昭「ヨアンニス・サレスベリエンシスとレース・プーブリカ概念」（『西洋史学』八一号、一九六九年）、甚野尚志「ジョン・オヴ・ソールズベリの政治社会論」（『人文学報』五八号、一九八五年）、エティエンヌ・ジルソン『中世哲学史』（渡辺秀訳、一九四九年）参照。

49 Policraticus, s. 251.

50 Ibid.

51 Vulgata, t. 1. s. 259. 前掲書、三五八ページ。

52 Codex (1. 14. 4), op. cit., s. 68. Policraticus, s. 237.

53 S. Krakowski, op. cit., s. 86.

54 Thietmar, s. 447. MPH t. 2. s. 277.

55 M. T. Cicero, De re publica. Loeb, s. 50.

第4章

1 Wojciechowski, Szkice Historyczne Jedenastego Wieku,1925, ss. 229-230.

2 スタニスワフ研究の文献はポーランドにおいて厖大な蓄積があり、筆者のよく消化しうるところではない。さしあたりG.Lubuda, "Twórczość hagiograficzna i historiograficzna Wincentego z Kielc. "Studia Źródłoznawcze XVII, Poznań 1971. P. David, Les sources de l'histoire de Pologne à l'époque des Piasts (963-1386) Paris 1934. J.

Dąbrowski, Dawne Dziełopisarstwo Polskie, Wroclaw-Warszawa-Kraków)

3 ポーランドにおける諸々の年報についての文献学的研究は、さしあたり、J. Dąbrowski, Dawne Dziełopisarstwo Polskie 参照。本稿では引用する年報のテキストは『ポーランド歴史文書集』Monumenta Poloniae Historica の第二巻所収の「ポーランド年報集」Roczniki Polskie から採った。年報類の継承関係については、++ページの図参照。

4 K. Lanckorońka."W sprawie sporu między Bolesławem śmiałym a św. Stanisławen."Teki Historyczne. T. IX. London 1958. なお、さらに D. Borawska, Z dziejów jednej legendy w sprawie genezy kultu św. Stanisława biskupa. 参照。

5 ランベルト。ヘルスフェルトの人で有名な『ヘルスフェルトのランペルトの年代記』Annales Lamberti Hersfeldensis の作者。一〇七七年にハスンゲンの参事会の改革を遂行し、一〇八五年に没する。彼の年代記は、世界創造の時よりはじめて、一〇九九年に及ぶ歴史を対象としているけれども、ランベルト自身の手になるものは、一〇四〇年以降の記述である。彼の年代記は、かつては形式、内容ともに非常に高い評価を受けてきた。とくにハインリッヒ四世の事績についての記述は極めて貴重な資料となっている (SSS, T. I. s. 29.)

6 Lamberti Annales, MGH SS. T. V. s. 255.

7 MGH SS, T, VI. s. 720.

8 MGH SS. T. IX. s. 93.

9 Cosmae Chron. Boemorum. LiB. II. MGH SS T. IX. s. 92.

10 Kürbis.

11 Chronicon Vincentii, MPH T. Ⅱ. s. 255.
12 MPH. T. Ⅱ s. 294.
13 MPH. T. Ⅱ s. 296.
14 MPH. T. Ⅱ s. 298.
15 MPH. T. 2. s. 801.
16 WTZ T. I. częsc I s. 31.
17 WTZ T. 1. częsc 1. częsc 1. s. 32.

参考文献

略記法

MPH=Monumenta Poloniae Historica I- IV. 1864. nn.

MGH SS=Monumenta Germaniae Historica, Scriptores I- XXXII, 1826. nn.

SSS=Słownik starożytnosci słowianskich - Encyklopedyczny zarys kultury słowian od czasów, najdawniejszych. 1961- 84. 7T.

WTŻ=Wybór Tekstów, Źródłowych z Historii Państwa i Prawa Polskiego, opra. Jakub Sawicki. T. I. część 1, 2. Warszawa 1952.

原典資料

Annales Capituli Cracoviensis : MPH T. II.

Annalista Saxo : MGH SS. T. VI.

Cosmae Chronica Boemorum : MGH SS. T. IX.

Galli Anonymi Chronicon (Chronicon Polonorum) : MGH SS. T. IX. ed. Szlachtowski, Koepke.

Lamberti Hersfeldensis Annales : MGH SS. T. V.

Magistri Vincentii Chronicon : MPH T. II.

Mistrza Wincentego Kronika Polska, Warszawa 1974.

Vita Maior S. Stanislai : MPH T. IV.
Vita Minor S. Stanislai : MPH T. IV.
S. Thomae Opera Omnia : Patrologiae Cursus Serias latina CXC. Migne, Paris 1893.Statuta Capitulorum Generalium ord. cisterc. wyd. J. M. Canivez. T. II.

最近の基本文献

Onus Athlanteum. Studia nad Kroniką biskupa Wincentego, tom zbiourowy pod redakcją A. Dąbrówki i W.Wojtowicza, Warszawa 2009.
"Nobis operique favete". Studia nad Gallem Anonimem, tom zbiorowy pod redakcją A. Dąbrówki, E.Skibińskiego, W.Wojtowicza, Warszawa 2017.
Idea zjednoczenia królestwa w średniowiecznym dziejopisarstwie polskim, W.Drelicharz. Kraków 2012.

参考文献

Balzer, O. Pisma Pośmiertne. T. I. II. Lwów 194- 1935.
Borawska, D. Z dziejów jednej legendy, Warszawa 1950.
Dąbrowski, J. Dawne Dziejopisartwo Polshie, Wrocław- Warszawa- Kraków 1964.
David, P. Les sources de l'histoire de Pologne à l'epoque des Piasts (963- 1386) . Paris 1934.
Gębarowicz. M. Początki kultu św. Stanisława i jego średniowieczny zabytek w Szwecji, Lwów 1927.

Grodecki. R. "Mistrz Wincenty Kadłubek, biskup krakowski, „ : Rocznik Krakowski 19 (1923) .

Jasienica, P. Polska Piastów, Warszawa 1979.

Karlowska- Kamzowa, "Męczeństwo sw. Stanisława w relacji Wincentego Kadłubka, Proba interpretacji Symbolicznej": Studia Źródłoznawcze T. X X. 1976.

Kürbis. B. Wstęp i komenterze w. Kronika Polska Wincentego biskupa krakowshiego, Warszawa 1974.

Labuda, G. "Twórczość hagiograficzna i historiograficzna Wincentego z Kielc.": Stadia Źródłoznawcze T. X VI. Poznan 1971.

Mistrz Wincenty Kadłubek - pierwszy uczony polski - w 750 lecie śmierci. Sympozjum naukowe zorganizowane w Poznaniu. Studia Źródłoznawcze, Poznań 1973.

Plezia, M."Na marginesie Złotej Łegendy - chronologia hagiografii polskiej w połowie XIII wieku, ": Od Arystotelesa do Złotej Legendy, Warszawa 1964.

W sprawie Św. Stanisława, dyskusja w Przegląd Powszechny T. 101- 103. Kraków 1909.

Zeissberg. H."Vincentius Kadłubek Bischof von Krakau (1208- 1218) and seine Chronik Polens. Zur Literaturgeschichte des 13. Jahrhunderts." Wien 1869. : Archiv für Kunde österreichtischer Geschichtsquellen 42. Wien 1869. ss. 1- 211.

荒木勝「ポーランド最古の年代記―『匿名のガル年代記』について」（岡山大学『法学会雑誌』第三五巻第二号、九一〜一四一頁、一九八五年）。

荒木勝「聖スタニスワフ崇拝の形成について」（同誌第三五巻第三、四号三五九〜四〇七頁、一九八六年。

荒木勝「一〇〇〇年のグニェズノにおけるオットー三世とボレスワフ・フロブリの会見について」(同誌第三六巻第二号、一〇三〜一七〇頁、一九八六年。

荒木勝「ポーランドの起源について」(同誌三八巻第三号、五三〜一〇七頁、一九八九年。

荒木勝「『匿名のガル年代記』における、王と祖国と国家」(同誌四九巻第一号、四一〜七四頁。一九九九年。

所収図版出典一覧

口絵 1　『匿名のガル年代記』の羊皮紙版（14 世紀ザモイスキ版），Towarzystwo Naukowe Warszawaskie　作成（1948 年）の写真版。

口絵 2　『ヴィンセンティ・カドゥベックのポーランド年代記』の手写紙版（15 世紀ヤギゥウォ版）　Studia Staropolskie,Onus Athlanteum Studia and kronią biskupa Wincentegp 掲載の写真版。

口絵 3　『聖書』詩篇の羊皮紙版（14 世紀フロリアンスキ版）、ワルシャワ・国立図書館所蔵。BY CZAS NIE ZAĆMIŁ I NIEPAMIĘĆ（WARSZAWA 1979）掲載の図。

＃ページ数

8　『匿名のガル年代記』の地勢、12－13 世紀分封時代のポーランド、Atlas Historyczny Polski(Warszawa 1979)からの、筆者作成。

11　『匿名のガル年代記』のテクストの変遷、K.Maleczyński の Galli Anonymi Cronicae et Gesta Ducum sive Principum Polonorum(M.P.H. nova series-tomus 2.Cracoviae 1952)の掲載の系図を筆者が加工したもの。

13　ピァスト家の系図、Poczet królów i książąt polskich（Warszawa 1984）掲載のピァスト家の系図からの、筆者作成。

39　聖書と学者（修道士）、クラコフ聖堂図書館の写本、BY CZAS NIE ZAĆMIŁ I NIEPAMIĘĆ（WARSZAWA 1979）掲載の図。

67　王と聖職者、マゾフシェの王と聖職者の細密画、１５世紀、BY CZAS NIE ZAĆMIŁ I NIEPAMIĘĆ（WARSZAWA 1979）掲載の図。

107　暦表の継承関係、筆者作成。

118　1070 年代のヨーロッパの政治的対立、筆者作成。

荒木 勝（あらき まさる）

1949年愛知県生まれ。名古屋大学法学部卒業、名古屋大学大学院法学研究科博士課程単位修得退学後、国際基督教大学博士（学術）取得。名古屋大学法学部助手、岡山大学法学部講師、ポーランド科学アカデミイ歴史学研究所研究員を経て岡山大学法学部教授（西洋政治史）。ポーランド共和国ポズナニ大学歴史学部客員研究員、英国ケンブリッジ大学古典学部客員研究員ののち岡山大学大学院社会文化科学研究科教授をつとめた。

著書に『アリストテレス政治哲学の重層性』（創文社）、翻訳にアリストテレス『政治学』（ギリシャ語から、岡山大学法学会雑誌）、『匿名のガル年代記―中世ポーランドの年代記』（ラテン語から、麻生出版）などがある。

Niniejsza publikacja została wydana w serii wydawniczej
„Źródła historyczne do dziejów Polski"
w ramach „Biblioteki kultury polskiej w języku japońskim"
przygotowanej przez japońskie NPO Forum Polska,
pod patronatem i dzięki finansowemu wsparciu wydania przez Instytut Polski w Tokio.

本書は、ポーランド広報文化センターが後援すると共に出版経費を助成し、
特定非営利法人「フォーラム・ポーランド組織委員会」が企画した
《ポーランド文化叢書》の一環である
《ポーランド史叢書》の一冊として刊行されました。

ポーランド史叢書 5
ポーランド年代記《ねんだいき》と国家伝承《こっかでんしょう》
『匿名のガル年代記』から『ヴィンセンティの年代記』へ
2018年12月19日　初版第1刷発行

著　者　荒木 勝

発行人　島田進矢
発行所　株式会社 群 像 社
神奈川県横浜市南区中里1-9-31 〒232-0063
電話／FAX 045-270-5889　郵便振替　00150-4-547777
ホームページ　http://gunzosha.com
Eメール info@gunzosha.com

印刷・製本　モリモト印刷

カバーデザイン　寺尾眞紀

ISBN978-4-903619-92-7

ポーランド史叢書

福嶋千穂
ブレスト教会合同
分裂した東西教会のはざまのウクライナで東方カトリック教会が生まれるきっかけとなった教会合同はどのように実現したのか。ポーランド・リトアニア国家のもとで生きる道を模索したキエフ府主教座教会の苦難の歴史。 ISBN978-4-903619-61-3

白木太一
[新版] 一七九一年五月三日憲法
世界で二番目の成文憲法を成立させて近代国家の理念を打ち立てたポーランドの政治家たちの活動を追い、その後分割されて国を失うことになったポーランド国民の独立と自負の象徴として後生に受け継がれた憲法の意義に光をあてる。 ISBN978-4-903619-67-5

梶さやか
ポーランド国歌と近代史 ドンブロフスキのマズレク
国民国家のシンボルとして歌われる国歌は再三の分割支配に苦しんでいたポーランドでどのように成立していったか。独立を目指す人々の心の支えとなった愛国歌が国歌になるまでの過程と周辺諸民族に与えた影響を明らかにする。 ISBN978-4-903619-72-9

安井教浩
リガ条約 交錯するポーランド国境
対ソ戦を終結させ新生ポーランドの国家像を決めることになった1921年のリガ条約。連邦主義と併合主義が交錯するなかで国境が画定するまでの政治のダイナミズムを追い、条約に翻弄される人々の姿を描き国境の持つ意味を問う。 ISBN978-4-903619-83-5

各巻 1500円（税別）